21세기 한국교육
진단과 처방

주삼환 저

학지사

머리말

우리나라는 교육국가, 인재국가라고 불릴 만큼 인재교육에 힘써 왔다. 그런 결과 우리민족은 온갖 고통과 역사적 시련을 모두 극복하고 다른 나라에서 부러워할 만한 산업화와 민주화를 이룩하고 지식정보화에도 절반의 성공을 거둘 수 있었다고 본다. 한마디로 말하여 뜨거운 교육열로 성공했던 나라다. 그동안은 국민의 뜨거운 교육열, 교육자들의 열정적인 교육애, 학생들의 끝없는 향학열은 미국 대통령까지 부러워하는 좋은 조건이다. 그러나 이렇게 좋은 교육열이 엉뚱한 곳으로 새고 있는 데 문제가 있다.

이제는 시대가 바뀌고 사회가 바뀌었는데도 지나간 세기의 낡은 공장식 교육을 하고 있기 때문에 지금 우리나라가 위기에 부딪치게 되었다. 다시 말하면 21세기에 19세기 20세기의 교육을 하고 있기 때문에 우리나라는 지금 교육에 실패하고 있다. 우리나라뿐만 아니라 선진국까지도 이제 교육체제나 학교도 부분적으로 고쳐 쓰기(re-form)에는 너무 낡아 완전히 새로운 체제로 혁명적으로 바뀌어야 한다(trans-form)는 것이다. 관료적 교육체제도 뒤집고(flip), 교실도 뒤집고, 학습도 뒤집으라고 '거꾸로 학습'을 외쳐대고 있다. 교육으로 일으켜 세운 나라 교육 실패로 망하게 되었다. 이런 위기의식을 느끼는 사람들이 수적으로도 많고, 또 시간적으로도 오래 되었는데도 아직도 고치거나 바꿀 생각을 못하고 있어서 더 문제다. 겉으로는 교육을 중시하는 것 같지만 교육을 경시하고 귀중한 아이들과 교육자를 정치권과 국가의 지도자들이 아무렇게나 다루는 것 같아 안타깝다. 교육을 교육논리로 다루지 않고 정치논리와 경제논리로 다루는 것 같다. '가진 자'들은 공교육이 망해도 손해 볼 것이 없거나 적기 때문에 공교육을 팽개치고 말로만 걱정하는 척 하고 있는지도 모른다. 그들은 그래도 사교육과 해외 유학으로 빠져나갈 구멍이 있다. '가지지 못한 자'들은 오로지 세금으로 제공되는 공교육 학교에만 매달릴 수밖에 없다. 미래가 달려 있는 교육과 아이들을 소중하게 다루지 않는 나라는 혹독한 벌을 받지 않을 수 없다. 세기가 바뀌고 밀레니엄이 바뀌기 전부터 우리나라 교육에 대하여 제기했던 문제를 다시 짚어 긴급 진단해 보고 나름대로 혁신 처방 방향을 제시한다.

우리 국민과 학부모들이 조금만 더 멀리 그리고 넓게 보고 국가교육에 힘을 합쳐 바꿀 생각을 해야 할 것이다. 특히 우리나라 지도자들이 먼저 생각을 바꾸고 교육의 방향을 올바르게 잘 잡아야 할 것이다. 우리 교육자들도 역사적 사명의식과 구국의식을 가지고 후회 없는 봉사를 하지 않으면 안 된다. 열심히 하는 것도 중요하지만 올바른 방향감이 더 중요하다. 교육열을 창의성 같은 올바른 곳에 쏟도록 방향설정을 잘 해야 한다. 창의성이 필요하다면 교육에서 창의성을 평가하면 온 국민이 창의성을 키우기 위해 노력할 것이다.

  좀 덜 열심히 하더라도 방향이 시대에 맞아야 한다. 새로운 교육의 방향은 분명하게 말하여 학생과 학습이 교육의 중심이 되는 것이다. 태양이 태양계의 중심이듯이 학생과 학습이 교육의 중심이 되어야 한다. 교육의 중심인 학생과 학습에 가장 가까이 있는 교사와 교장이 존중받지 못하면 학생들은 배우지 못하게 된다. 그래서 마음에 내키지 않더라도 교육자를 존경하는 척이라도 하라는 것이다. 교사가 학생과 학습에 영향을 미치려면 계속 전문직적 능력 계발(professional development)을 해야 한다. '철밥통'으로는 학생과 학습에 영향을 미칠 수 없다. 누가 우수한 사람들을 '철밥통'으로 만들고 있는가? 참 미련한 정부다.

  그동안 필자는 우리나라 교육정책과 행정에 대하여 좀 쓴 소리를 많이 한다고 해왔는데 어떻게 보면 이번이 마지막 쓴 소리일지도 모른다. 이제는 더 이상 교육에 대하여 말할 기력조차 없다.

  이 책은 교육정책 행정에 관여하는 사람들은 물론이고 일반 국민과 학부모, 교육자도 읽고 생각을 나누길 기대한다. 학문 분야로는 교육개혁과 혁신, 리더십과도 관련이 더 있을 것으로 본다. 이 책을 한층 돋보이게 만들어 준 학지사 임직원께 독자와 함께 감사한다.

2016. 6.

주삼환

차 례

01

실패하는 한국교육: 진단

우리나라는 교육의 힘으로 뒤떨어졌던 산업화와 민주화를 단기 간에 이룬 나라로 평가받고 있다. 이는 가난 속에서도 자녀교 육에 열을 올렸던 결과다. 한국의 교육열은 세계가 다 알아준다. 우리나 라의 유교적 문화가 높은 교육열을 올리는 데에 기여한데다가 일제강점 기의 압박에서 벗어나고 독립을 하기 위해서도 우리는 교육에 더 열을 올 리게 되었다고 본다. 우리나라는 결국 교육으로 일으켜 세운 나라라고 할 수 있다. 가난 속에서도 교육의 힘으로 산업화를 위한 기술자와 기업인도 길러 내고 민주화를 위한 민주 세력과 지도자도 길러 낼 수 있었던 것이 다. 그런데 이제는 잘못된 교육 때문에, 나라가 망할 정도는 아닐지 모르 지만, 어려운 지경에 이르고 있는 것은 사실이다.

새로운 세기라고 시끌벅적하던 때가 엊그제 같은데 21세기와 새로운 밀레니엄의 문지방을 넘은 지 벌써 16년이 지났다. 21세기를 열 조각을 낸 피자 한 판이라고 한다면 벌써 한 조각 반의 21세기 피자를 다 먹어 치워버렸다. 나는 이 21세기의 문지방을 넘기 전에 『전환적 교육』, 『변화하는 시대의 교육』, 『21세기의 교육』이라는 이름의 저서를 통해 우리나라의 교육과 학교가 바뀌어야 한다고 강조해 왔다. 그런데 21세기에 들어와서도 한국교육은 그대로 서 있거나 오히려 뒷걸음질치고 있다. 결국 시대에 맞지 않는 '쓸데없는 교육'으로 한국교육은 실패하고 있는 것이다. 이제 21세기는 이미 새로운 세기도 아니라는 사실을 알아야 한다. 21세기의 15% 이상을 먹어 치워 버려 이제 22세기 교육을 준비해야 한다는 말이 나올 정도가 되었다.

한국교육은 농업사회로부터 산업(공업)사회, 부분적으로는 정보사회로까지 발전시키는 데는 성공적이었다고는 할 수 있겠지만, 한국교육은 21세기 선진 사회의 교육에는 실패하고 있다. 한마디로 '쓸데없는 교육'을 열심히 하고 있기 때문이다. "19세기 교실에서 20세기 교사가 21세기의 학생을 가르친다."고 했었는데, 지금의 한국교육은 "20세기 교실에서 20세기 교사가 지나가 버린 20세기에 살아갈 학생으로 가르치고 있다."고 해야 할 것 같다. 19세기, 20세기의 '공장식 교육'을 하고 있기 때문이다. 지금 우리나라 학교에서 우리 눈에는 보이지 않는 시커먼 20세기 공장 연기가 피어오르고 있는 형국이다. 게다가 지금 우리나라 학교에서 피어오르고 있는 시커먼 굴뚝 연기를 아무도 의식하지 못하고 있는 것이 더 문제다. 공장도 아니고 학교에서 시커먼 공장 연기가 피어오르는 우스꽝스러운 장면을 연상해 보라. 거친 말을 써서 안 됐지만 20세기 공장 학교에서 아이들은 죽어나고 교사들은 골병들고 있다.

한국교육은 시대에 맞는 교육을 하지 못하고 있기 때문에 실패하고 있다. 한국교육은 농경사회, 산업사회 시대까지는 비교적 성공적이었다. 한국교육이 짧은 기간 내에 산업화를 이룩하는 데까지는 크게 기여했다는 것은 거의 전 세계가 인정하고 있다. 가난하고 어려운 시절에도 교육에 열을 올린 결과, 대량 교육 혹은 싸구려 교육이라도 교육받은 인구가 많이 있었기 때문에 강력한 리더십에 의하여 산업화와 어느 정도의 민주화에 성공할 수 있었던 것이다. 그런데 사회가 지식정보사회로 바뀌었고 문화창조사회, 윤리도덕사회를 지향해야 하는 21세기에도 지나간 산업사회의 '공장식 학교'에서 '공장식 교육'을 하고 있기 때문에 한국교육은 실패하고 있는 것이다. 시대에 맞는 교육을 하지 못하고 있는 것이다. 공장식 교육을 하면서 어떻게 지식정보사회를 살아가고 창조경제를 이루겠다는 말인가? 사람이 창의교육을 받지 못했는데 어떻게 창조경제의 열매만 따 먹겠다는 것인가?

21세기에 살아가는 데 절실하게 필요한 교육을 하지 못하고 삶과 거리가 먼 쓸데없는 교육을 열심히 하고 있기 때문에 실패하고 있는 것이다. 삶에 절실하게 필요한 교육, 일과 직업에 절실하게 필요한 교육을 하기에도 주어진 시간이 짧고 나라와 가정의 돈도 부족한데, 삶과 일, 직업과 멀리 떨어진 쓸데없는 교육에 열심이기 때문에 우리 학생들은 학습과 학교에 재미를 느끼지 못하고 오히려 싫증을 느끼고, 심지어는 학교교육을 외면하고 적대시하기까지 하게 된다. 대학수학능력시험만 끝나면 모두 쓰레기통에 내버려야 할 쓸데없는 지식을 외우느라 학생들이 인생을 탕진하고 있는 셈이다. 이제는 '일과 삶의 균형(work-life balance)'을 넘어 '일과 삶의 통합(work-life integration)'을 주장하고 사무실과 집을 구분하지 않는 경향이다. 필자는 '삶과 앎'이 하나가 되는 교육을 해야 한다고 주장해 왔다(주삼환, 1991, 새로운 세기의 교장과 장학, pp. 4-6). 우리나라의 옛날 교육은 삶과 앎을 구분하지 않았다. 살아가면서 배우고 배운 대로 살아갔다. 일하면서 배우고 배우면서 일했다. 그래서 필자는 '삶'과 '앎'이 한 글자였을 거라고, 아니면 '삶'과 '앎' 사이에 '삶' 자가 있었을지 모른다고까지 하였다. 어떤 스님은 "공부하다 죽어라."(정찬주, 2013)라고 했다. 하는 일이 곧 공부고 사는 일이 곧 공부인 것이다.

한국교육에서 더 큰 문제는, 초·중등의 보통교육의 목적이 사람 노릇하는 데 필요한 기초교육을 철저히 해야 하는 것인데 실제로는 이와는 거리가 먼 교육에 시간과 에너지를 낭비하고 있다는 점이다. 한국교육은 사람 만드는 기초교육에 실패하고 있다. 많은 사람들이 '인성교육' 혹은 '전인교육'이라고 하는데, 필자는 이 기초교육을 '바탕교육'이라고 하여 강조한 적이 있다. 사람의 바탕이 제대로 돼야 그 바탕 위에 지식도 쌓을 수 있고 기술도 붙일 수 있을 것으로 생각하여 붙인 이름이 '바탕교육'이다. "내가 정말 알아야 할 모든 것은 유치원에서 배웠다."고 하지 않는가? 이제는 유치원이 아니라 어린이집에서부터 '보육(保育)'이 아닌 '교육'을 하고 있는데도 한국의 인간교육은 실패하고 있는 것이다. 어린이집 선생님도 보육사가 아니라 '교사'라고 부르고 있다. 지금 이 글을 쓰고 있는 시점이 '세월호 사건' 후 총리 및 장관의 인사청문회 문제가 이슈로 제기되는 때인데, 세월호의 선장과 선원도 이 인간 기초교육이 잘못되었기 때문이고, 총리감과 장관감이 없다는 것도 모두 인간 기초교육이 잘못되었기 때문이라고 본다. 대통령은 인사청문회 기준이 높아졌기 때문에 총리감을 고르기 어렵다고 하는데, 필자는 감히 인사청문회 기준은 결코 높지 않고 오히려 이 기준은 더 높아져야 한다고 믿고 있고, 또 우리 국민의 눈높이는 이 기준보다 훨씬 더 높다고 본다. 병역미필, 위장전입, 다운계약서, 부동산투기, 세금탈루, 뇌물과 금품 수수, 전관예우, 논문표절, 친일과 종북 문제, 거짓말 증언 등이 뭐가 그리 높은 기준인가? 이것은 보통 사람이면 다 지키고 있고 또 지켜야 하는 기본이고 기초이고, 국민으로서 반드시 갖춰야 할 것이다. 대통령은 꼭 범법자나 결격자를 국무총리나 장관으로 삼고 이들과 같이 일해야만 잘할 수 있다고 믿는 것인가? 도대체 대한민국에 이런 기준선을 통과할 능력 있는 사람이 없단 말인가? 왜 똑똑하다는 사람은 모두 군대도 못 가는 병약자만 있단 말인가? 지도자는 무엇보다 먼저 깨끗하고 정직해야 한다. 우리나라 국민은 무엇보다 깨끗한 지도자를 원한다. 우리나라 지도자라는 사람들은 좀 정직할 필요가 있다. 우리 사회는 깨끗한 사람을 기르는 깨끗한 교육을 해야 한다.

한국교육은 배우는 사람에 대해 생각하지 않고 가르치고 교육시키려고만 하기 때문에 실패하고 있다. 교육은 배우는 사람들의 입장에서 해야 하는데 우리나라는 가르치는 사람들의 입장에서 교육을 하고 있기 때문에 실패하고 있다. 가르치는 사람 쪽에서 보는 교육보다 배우는 사람 쪽에서 생각하는 학습(學習)이 더 중요하다. 학교는 가르치는 곳이기 이전에 학습하는 곳이기 때문에 '교교(教校)'가 아니라 '학교(學校)'인 것이다. 요즘 나온 '거꾸로 수업(flipped learning)'이 내가 말하는 교수보다 학습을 강조하는 쪽이다(사실은 flipped learning도 거꾸로 수업보다 거꾸로 학습이라고 번역했으면 좋겠다). 자기주도학습(self-directed learning)이란 것도 비슷한 개념으로 학생의 학습을 강조한 생각이다. 교사와 학부모가 자기들은 배울 생각을 안 하고 아이들 가르칠 생각만 하고 있는 형국이다. 침 맞을 환자의 맥도 짚어 보지 않고 무조건, 무작정 아무 데나 침 놓을 생각만 하고 있는 셈이다. 어른들은 공휴일이며 명절을 다 쉬고 근로기준법을 모두 다 지켜 달라고 과격시위라는 것까지 하면서 아이들에게는 '공부기준법' 같은 것도 없이 명절, 휴일, 밤낮, 퇴근(하교)시간, 휴식시간도 없이 무조건 공부만 하라고 하니 대한민국 아이들이 배겨 낼 수 있겠는가? 그래놓고 축구도 잘하고, 체조도, 피겨스케이팅도 세계에서 제일가겠다니 너무 욕심이 지나친 것 아닌가? 어른들의 욕심이 아이들의 교육을 망치고 있다. 아이들은 놀 줄 알아야 한다. 그리고 아이들일 때 놀아야 한다. "노세 노세 젊어서 놀아. 늙어지면 못 노나(느)니." 하지 않는가? 아이들이 노는(play) 것은 그냥 노는 것이 아니라 거기서 배우고 창조도 하는 것이다. Play는 즐기는(fun) 그 이상이며(Stuart Brown, Why Do We Play?, www.ted.com), Play는 창의적 사고(creative thinking)와 아주 강력한 관계가 있다(Tim Brown, www.ted.com). 아이들은 가르치는 것만 배우는가? 학생들은 가르치는 것만 배워 가지고는 살아갈 수 없다. 가르치지 않는 것도 배울 수 있고 또 가르치지 않는 것에서 더 많이 배워야 한다. '가르치지 않은 학습(untought lessons)'(Jackson, 1992)도 많다. 무엇보다 아이들이 배움에 배고프고 탐구에 목마름과 갈증을 느끼게 해야 한다.

행정하는 사람들 또한 행정을 받는 사람들 쪽은 생각하지 않고 관료들 입장에서 하고 있다. '대학구조개혁'은 각 대학 안의 구조를 바꾸는 문제로 각 대학 스스로 할 일인데 전국의 대학생 수를 줄이기 위한 교육부 주도의 평가를 '대학구조개혁평가'라고 교육부 관료들 입장에서 이름을 붙이고 있는 것이 한 예다. '준칙주의'라고 이름을 붙여 대학을 늘린 것이 관료들이 한 일이고, 이제는 대학구조개혁평가로 대학을 줄이겠다는 것 또한 교육부 관료들의 생각이다. 늘렸다 줄였다 하는 고무줄 행정을 교육부 관료들이 마음대로 하고 있는 것이다. 교육부 행정을 받는 대학은 생각지 않고 관료들 입장에서 대학을 쥐고 흔드는 셈이다. 대한민국의 교육부는 교육을 도와주는 것이 아니라 교육을 망치는 일을 하고 있다. 교육부는 대학을 평가할 수 있는 능력도 권한도 없다. 교육부는 평가기관도 아니고 무슨 사업을 하는 사업소도 아니다. 그런데 교육부는 대학을 평가한다고 하고 무슨 사업을 한다고 국민의 세금을 관료들 주머닛돈 쓰듯이 사업비로 쓰고 있는 것이다.

한국교육은 선생님교육, 학부모교육이 잘못되었기 때문에 실패하고 있다. 어른교육에 실패했기 때문에 아이들 교육까지 실패하고 있다. 어른들이 '존경'이라는 것을 받지 못하고 있기 때문에 아이들은 누구에게서도 배우려고 하지 않게 되었다. 자기 나라 군인과 경찰도 못 믿고, 공무원과 교사도 못 믿고, 정치 지도자는 말할 것도 없고 심지어는 판사와 검사, 심지어 자기 나라 정신적 지도자인 성직자도 못 믿겠다고 한다. 우리나라 아이들이 '이 세상에 믿을 놈 하나 없다.'고 생각하게 만들어 놓고 자꾸 가르치려고만 하니 한국교육은 겉돌고 있는 것이다. 아이들을 배우게 하려면 먼저 선생님을 존경하게 만들어 놓아야 한다. 학생과 학부모들로 하여금 자기 선생님을 평가하게 만들어 놓고, 또 교사들을 철밥통이라고 하는데, 그런 선생님들이 무슨 재주로 아이들을 가르치고 배울 수 있게 만들 수 있단 말인가? 교육부 관료들은 한때 학생과 학부모가 교사 평가자라고 한 적도 있다. 대한민국의 학생과 학부모가 언제부터 교사평가 전문가로 교육받았는가? 교장을 적군 대하는 듯하게 하고 어떻게 학교교육을 하라는 것인가? 교육을 모르는 관료들, 심지어는 정치인들에게 법과 돈을 다 맡겨 놓고 교육이 저절로 잘 될 것이라고 믿을 수 있는가? 교육자가 아닌 일반인과 정치인으로 하여금 지방교육을 책임지는 교육감을 하게 만들어 놓고 어떻게 학생교육이 잘 되기를 바라는가? 교육감은 정치인과 행정인 관리인이 아니라 우선 교육자(educators)여야 한다. 교육감 자격증이 있어야 지방교육자가 될 수 있게 되어야 한다. 대한민국은 신뢰의 위기, 리더십의 위기, 전문성과 권위의 위기를, 결국은 총체적 위기를 맞고 있다. 대한민국의 국민 수준은 세계적으로 높은 수준인데 지도자들이 존경을 못 받고 있고 저질 수준이라는 데 문제가 있다.

① 삶과 동떨어진 쓸데없는 교육, ② 사람 만드는 인간교육과 거리가 먼 쓸데없는 교육, ③ 시대에 맞지 않는 쓸데없는 교육, ④ 학생들로 하여금 스스로 배우려고 하게 하지 못하고 어른들이 무작정 가르치려고만 하고, ⑤ 교육자들로 하여금 학생들을 가르칠 수 없는 불신의 교육환경을 만들어 놓고 열심히 가르쳐 달라고 하니 실패하는 한국교육을 할 수 밖에 없다.

한국은 교육으로 이 정도까지 성공했는데 이제 거꾸로 교육 때문에 나라가 망하게 될 지경에 이르렀다. 대한민국은 '많이 가르치고도 실패하는 한국교육'(졸저의 책 제목)을 하고 있다. 교육이 바로 서지 못하고 있다. '교육이 바로 서야 나라가 산다'(졸저의 책 제목). 말로만 교육하던 시대는 지나갔다. 이제 온 국민이 일어나 '우리의 교육, 몸으로 가르쳐야 한다' (졸저의 책 제목). 한국교육은 21세기 시대에 맞는 교육으로 일대 대전환을 해야 한다. 부분적으로 고쳐 쓰는 개혁(re-form)이 아니라 완전히 다른 형태로 변혁(trans-form)해야 한다. 이 대전환을 위한 긴급 진단, 긴급 처방과 대책이 요구된다.

02

인류사회의 발전 과정과 교육의 발전

인류는 〈표 2-1〉과 같이 ① 부족 집단을 이루어 사냥을 하면서
살다가, 종자 보존법의 발견과 농업혁명에 의하여 ② 농경사
회를 이루어 정착하여 살다가, 동물과 인간의 육체적 힘을 기계에 의하여
연장·확대하는 산업혁명으로 ③ 산업사회를 이루어 살게 되었다. 아직
후진국들은 산업화도 이룩하지 못했지만 선진국은 이미 정보혁명에 의
하여 산업후·정보사회를 이루어 살고 있다. 우리는 21세기를 ④ 지식정
보사회로 특징지을 수 있을 것이다. 인간의 발전은 생물학적인 발전인 동
시에 사고(思考)의 발전, 문화(文化)의 발전이라고도 할 수 있다.

〈표 2-1〉 인간의 주요 발전과정

구분 \ 단계	1단계	2단계	3단계	4단계
사회	부족집단 사냥 사회	농경사회	산업사회	산업후·정보사회
시기	50만 년 전	1만 년 전	500년 전	70년 전(한국은 30년 전)
의사소통	말(구두)	문자	인쇄 기술	인공지능 기술
생활영역	유목부족	도시국가 공동사회	국가	글로벌 사회
사고의 패러다임	마력−신비의 패러다임	논리−철학적 패러다임	결정론적−과학적 패러다임	체계적 패러다임
주요 기술	생존 기술	직조 기술	기계 기술	지적 기술

출처: Banathy(1991), p. 24에서 보완.

교육은 각 발전 단계에 맞춰 살아가는 데 필요한 의사소통 수단과 사고의 패러다임, 이에 필요한 주요 기술을 가르치는 데 주력했을 것이다. 부족집단 사냥사회에서는 유목부족사회에 필요한 말과 마력−신비, 생존 기술을 가르쳤을 것이고, 농경사회 시대에는 도시국가 공동사회에 필요한 문자와 논리−철학, 직조 기술을 가르치는 데 주력했을 것이다. 산업사회에서는 인쇄 기술의 발명으로 의사소통을 시간과 공간으로 확대할 수 있게 되고, 국가 의식이 강해지고, 기계공학의 발전으로 동물과 인간의 육체적인 힘을 연장·확대하여 사용하게 되고, 과학적·기계적·결정론적 세계관이 지배하는 사회가 되고, 산업사회에 필요한 기계기술에 교육의 초점이 맞춰졌다. 우리나라도 산업화에 힘쓸 때 기능공 양성에 노력했었다. 지식정보사회에서는 인공지능의 의사소통 수단으로 글로벌 사회에서 체제적 사고의 패러다임으로 살아가야 하므로 지적 기술 교육이 요구된다.

우리나라의 전통적인 교육은 '농경사회'에 살아가기에 알맞게 설계되었었을 것이다. 그리고 주로 과거 시험을 통한 관료와 지도자 양성에 초점이 맞춰진 교육이었을 것이다. 전통적인 교육이 모두 잘못된 것은 아니다. 그 시대에 맞았을 뿐만 아니라 오늘날에 참고할 점도 많다. 서당식 교육도 어떻게 보면 오늘날 강조되는 개별화 교육, 통합교육, 인성교육과 전인(全人)교육의 특성이 강했다고 볼 수 있다.

우리나라뿐만 아니라 서방의 근대학교는 산업혁명에 의하여 농경사회에서 산업사회로 옮겨가게 되면서 산업사회의 사고방식에 의하여 산업사회에 필요한 사람을 길러 내기 위하여 설계된 것이다. 공장식 학교를 만들어 공장식 교육을 시작한 것이다. 근현대학교는 산업사회에 유용하게 잘 써먹은 셈이다. 특히 적은 돈과 부족한 시설을 가지고 갑자기 많은 사람을 교육하고 길러 내야 하는 우리나라의 경우는 산업사회의 효율성·효과성에 맞아 산업화를 앞당길 수 있었다는 평가를 받기에 충분하다. 지식정보사회로 바뀐 사회에서도 산업사회의 학교와 교육은 어느 정도 버틸 수 있었다. 컴퓨터와 디지털, 정보통신기술(ICT) 시설만 학교에 집어넣으면 된다는 짧은 생각을 하기 쉽기 때문이다. 그러나 중요한 것은 시설과 기기가 문제가 아니라 사고의 전환이 필요한 것이다. 이제는 획일화와 표준화가 아니라 다양화와 개별화가 필요하며, 분업화가 아니라 융합과 통합화가 강조되고, 양이 아니라 질(質)로의 사고의 전환이 요구되는 것이다. 국가 안에 머물지 말고 세계화와 지구촌 글로벌 사회로 사고를 넓혀야 하는 것이다.

필자의 세대는 농경사회에서 태어나 농경사회의 교육을 받고 교사가 되려고 할 때 우리나라에 산업화에 발동이 걸리는 시기에 교사양성교육을 받고 교사가 되어 산업화교육을 해 온 셈이다. 한마디로, 정신없이 정부가 시키는 대로 싸구려 대량교육, 산업사회교육을 해온 셈이다. 그렇게 라도 산업사회교육을 받은 사람들이 우리나라를 발전시켜 줘서 위안을 받을 즈음에 지식정보사회의 제3의 물결이 닥쳐와 구시대 교사들이 컴퓨터를 다룰 줄 모르고 영어를 못한다는 비난을 받으며 구석으로 내몰리고 퇴출되는 신세가 되기도 하였다. 다행히 필자는 해외 유학으로 이런 구석에서 조금 벗어나 있었는지 모른다.

그런데 선진국은 지식정보사회에 머물러 있지 않고 이제 ⑤ '문화창

〈표 2-2〉 인류의 주요 발전과정

단계 구분	1단계	2단계 (1ˢᵗ물결, 동양)	3단계 (2ⁿᵈ물결)	4단계 (3ʳᵈ물결)	5단계 (4ᵗʰ 물결, 동양)
사회	부족집단 사냥 사회	농경사회	산업사회	산업후· 정보사회	문화창조
시기	50만 년 전	1만 년 전	500년 전	70년 전(한국 은 30년 전)	현재 (20년 전)
의사소통	말(구두)	문자	인쇄 기술	인공지능 기술	이야기
생활영역	유목부족	도시국가 공동사회	국가	글로벌 사회	지구촌
사고의 패러다임	마력−신비의 패러다임	논리−철학적 패러다임	결정론적− 과학적 패러다임	체계적 패러다임	정서
주요 기술	생존 기술	직조 기술	기계 기술	지적 기술	상상력

조사회'로 접어들었다고 하는 사람들이 있다. 그래서 필자는 〈표 2-1〉에서 보여 준 Banathy의 인간의 주요 발전과정의 마지막에 문화·창조사회 한 칸을 덧붙여 〈표 2-2〉를 제시하였다.

'문화창조사회'에서는 정서와 감성, 아이디어, 상상력이 강조된다. 아이디어와 상상력이 문화와 예술을 창조해 내고, 문화가 경제도 만들어 낸다. 그래서 문화경제(culturenomics)란 말이 생겨났다. 문화경제는 산업경제처럼 공장도 필요 없고 공해도 일으키지 않으며, 자본도 많이 들어가지 않는다. 인간답게 살기 위해서는 윤리도덕사회가 되어야 한다. 문화와 윤리도덕은 어떻게 보면 옛날에 강조되던 것과 비슷할지 모른다. 그러나 근본적인 것은 비슷할지라도 현대의 문화이고 현대에 맞는 윤리도덕이어야 할 것이다. 그래서 지금은 과거와 현재의 '연결(connection)'이 강조된다. 우리가 지향해야 할 사회는 문화예술과 윤리도덕이 강조되는 선진사회라고 필자는 오래전부터 절절히 강조해 왔다. 그렇다면 우리의 교육도 일단 지식정보사회와 동시에 문화창조사회에 알맞은 교육으로 긴급처방해야 할 것이다. 최근 박근혜 대통령을 중심으로 한 정부에서 '창조경제'란 말을 꺼냈다. 그런데 창조경제를 하려면 먼저 '창의교육'을 하여 '창의적 인간'을 길러 낼 생각을 했어야 할 것인데, 창조적인 인간을 길러 내야 할 교육에서 '창의교육'을 할 생각을 덜하고 성급하게 꽃과 열매에 해당하는 '창조경제'만 따 먹을 생각만 하는 것 같아 안타깝다. 필자는 '창조경제'보다 한 단계 더 높다고 생각되는 '문화창조'사회를 그린다.

03 산업사회를 넘어선 지식정보 · 문화 창조사회 교육

어떤 병의 증세와 원인에는 차이가 있다. 현재 교육병의 아픈 증세는 많이 있는데 그 증세 밑에 깔려 있는 보다 깊은 원인 문제를 우리가 이해하지 못한다면 그걸 고치거나 완화시킬 수는 없을 것이다. 하나의 문제는 공교육에 산업적 특성이 배어 있다는 점이다. 간단히 말하여, 여기서 이슈는 대부분의 선진국들이 19세기 중엽 이전에는 대량 공교육체제를 가지고 있지 못했다는 점이다. 이들의 교육체제는 대부분 산업혁명에 의하여 필요해진 노동력을 충족시키기 위하여 개발되고 또한 대량생산의 원리에 의하여 조직된 것이다. 표준화운동은 체제를 보다 효율적이고 책무성을 다할 수 있게 만드는 데 초점을 맞추려는 것이었다. 문제는 이런 체제가 19세기와 완전히 달라진 21세기의 환경에는 본질적으로 맞지 않고 부적절하다는 것이다(Robinson & Aronica, 2015, p. xxiii).

현대 학교는 학교를 처음 만들 때 산업사회에 기반을 두고 설계된 근대학교에서 발전되어 왔다고 볼 수 있다. 우리나라도 예외가 아니다. 그래서 현대학교는 먼저 첫째, 학교는 **공장체제를** 따르고 있고, 공장의 이미지도 갖고 있다. 학생은 원료이면서 생산품이고, 교사는 종업원이고, 교장은 경영자에 비유되기도 했다. 지금도 '학교경영'이라고 하고 교장을 CEO라고 하면서 교육자가 아닌 일반인 교장을 내세우는 사람들이 있다. 교장은 경영자이기 전에 '교육자'인 것이다. 인간행동을 조직하는 기본수단으로서 ① 일상화(routinization), ② 표준화, ③ 중앙집권화시켰다(Schlechty, 1991, p. xv). 미국 학교의 이미지는 ① 마을의 센터, ② 공장, ③ 병원체제로 바뀌어 왔다고 하는데, 우리나라에서는 마을의 센터나 병원의 서비스 이미지를 제대로 가져 보지도 못하고 계속 공장체제로 남아 있다.

둘째, 산업사회 **대량생산체제로** 현대 학교를 만들었다. 많은 학생을 한꺼번에 교육하기 위하여 학교를 짓고 학생들을 모았다. 의무교육제도, 공립학교를 만들어 전 국민을 교육하기에 이르렀다. 특히 우리나라에서는 소수 특권층만을 위한 교육체제에서 갑자기 적은 돈을 가지고 많은 교육 수요자를 교육시키려고 하다 보니 대량생산체제를 채용하지 않을 수 없었다. 서당에 다니고 있던 사람들을 강제로 보통학교, 소학교, 초등학교라는 곳에 끌어다 넣었다. 그리고 1960~70년대 필자가 초등학교 교사를 할 때 4부제(하루에 한 교실에 네 반을 교대하면서 가르치는)에 한 학급에 100명 이상의 학생을 넣고 대량교육을 했었다. 아마 최근의 교사들은 4부제가 무엇인지 그 개념 자체를 모르는 경우가 많을 것이다. 교실과 교사가 모자라 한 교실에서 하루에 네 개 학급이 교대하면서 수업을 한다고 하던 제도가 4부제 수업이다. 그래서 콩나물 교실, 다인수 다학급, 과밀학급이란 말이 일상 교육용어가 되었었다. 아이들이 콩나물에 비유된 셈이다. 한 학교의 학생 수가 몇 만 명에 이르는 초등학교가 서울시내에 있어서 그 학교가 세계에서 가장 큰 최대학교로 기네스북에 올랐다는 소문도 있었다. 그리고 산업혁명에 의하여 점점 높은 기술이 요구되어 의무교육을 초등학교 교육에서 중학교, 고등학교, 초급대학(미국의 community college)의 수준으로까지 올려놨다고 주장하는 학자들도 있다.

셋째, 현대 학교는 공장제 중에서도 **조립생산 라인체제**를 따르고 있다. 조각 부품을 조립하여 맞추어 자동차를 만들어 내듯이 지식을 조각내어 지식의 조각을 분업으로 가르치면 이 지식의 조각들이 자동적으로 조립되어 자동차처럼 전인(全人)이 될 것이라는 가설을 가지고 교육을 했다. 초ㆍ중ㆍ고등학교 급, 1, 2, 3 … 학년, 1반, 2반 … 학급으로 나누고, 국어, 수학, 영어, 음악, 미술… 교과로, 각 교과를 다시 쪼개어 단원으로, 과(課)로 나누어 분업으로 가르치고, 학년, 학기, 월간, 주간, 일간, 교시, 모듈로 세분화하여 가르치고 이들 지식의 조각들을 다시 모두 합쳐 한 인간을 만든다고 생각하였던 것이다. 이런 가설이 과연 맞는 가설이며 21세기에도 통하는 가설인가? 21세기는 통합, 융합의 방향이 아닌가? 산업사회의 바탕인 과학은 전문가(specialist)를 만들고 전문가들이 분업에 의하여 떠맡아 가르치기만 하고 아무도 학생교육과 학교교육을 책임지지 않았다. 학생들이 분업으로 배운 지식의 조각들을 잘 받아들였는지 그리고 그 지식의 조각들을 퍼즐 맞추듯이 잘 조립하는지 확인하고 책임지는 어른이 아이들 곁에 없었다. 대한민국에서 교육에 대하여 책임지는 사람이 없다는 것이 문제이다. 대통령도 교육부장관도, 교육감과 교육위원, 국회의

원도 교육에 대하여 책임지지 않았다. 학생과 학부모만 비난의 대상이 되고 학교와 교사는 항상 옳기만 했다. 학부모는 치맛바람을 일으키는 비난의 대상이 되기만 하였다. 학부모의 치맛바람이 무슨 죄란 말인가? 사실은 치맛바람의 효과를 보게 만든 정부와 정책이 비난을 받아야 했던 것이다. 조각난 지식의 파편 조각들을 가르쳐 놓고 인간이 너무 조각났다고 또 비난을 한다. 이러한 분리주의는 가정도 '핵(가족)'으로까지 분리시켜 놓더니 마침내 핵(가족)에서 더 분리하여 극단적으로 핵폭발—이혼, 가정파탄—에 이르기까지 하고 있다. 이제는 아예 3포, 5포, 7포 사회가 되었다고 한다.

산업기계 시대의 조립생산 라인의 사고와 실제에서는 ① 고도로 조직화되고, ② 엄격하게 통제되고, ③ 일제식이고, ④ 집단 중심이고, ⑤ 로테이션식이고, ⑥ 하향식이고, ⑦ 시간중심이고, ⑧ 교육공장 건물 내에서도 고정적일 수밖에 없다. 관료제와도 상통하는 생각이다.

넷째, 실증주의에 의하여 관찰, 실험, 측정, 신체적·물리적 감각과 기술에 의존하여 경험적으로 검증된 것만 믿을 수 있는 지식이라고 하였다. 객관성만 믿을 수 있는 것이라고 하여 동조와 획일을 이끌어 냈다. 합리성의 이성은 경험주의의 동반자로서 엄격한 논리, 가치중립, 정서배제, 비정열적·합리적 사고만이 지식에 접근하는 가장 올바르고 안전한 길이라고 믿었다. 질을 양으로 쪼개어 환산하기 위해서 무게를 달고, 비중을 매기고 측정하여 객관적으로 평가하기 위해 계량적 분석을 해야 했다. 이 세상에 정답은 하나뿐이라고 믿고 그 정답 하나를 찾기에 학생들의 인생을 바치게 하였다. 철학, 형이상학, 신학, 문학적 전통에 대한 과학적 승리로 정신, 심리, 사회에 대한 의문과 우주의 신비나 삶의 방식도 모두 과학적 이성으로 접근하게 되었다. 교육에서도 과학이 앎과 지식의 전부였고 사고방식의 모형이 되었다. 그리고 교사를 전지전능한 존재로 보고 교사와 교과서를 학생들의 주요 정보원(情報源)으로 생각했었다. 그런데 지금은 지식정보가 어디에나 떠돌아다니고 있다.

다섯째, 산업사회와 같은 논리의 **관료제**로 학교와 교육행정 체제가 조직되었다. 계층으로 위계질서가 지켜져야 하고, 분업화하고, 규정과 규칙에 길들여져야 하고, 절차가 명세화되고, 몰인정성에 의하여 교육과 교육행정을 해야 했다. 관료제 교육으로 대한민국 교육이 황폐해지고 있다. 교육은 보이지 않고 평가만 난무하고 있다. 학생과 학부모가 자기 교사도 평가하고 교육부와 ○○일보가 대학도 평가한다고 한다. 세상에 이런 나라가 대한민국 말고 지구상 또 어디에 있단 말인가?

이러한 산업사회에 바탕을 둔 학교교육으로 ① 모든 국민에게 최소한의 교육을 보장해 줄 수 있었고, ② 교육기회의 확대로 어느 정도 불평등을 제거할 수 있었고(불평등을 재생산했다는 입장도 있으나), ③ 문화적 통합을 증진시키는 데 기여하고, ④ 사회적 조건을 개선하는 데 도움을 주고, ⑤ 책임 있는 시민이 되도록 준비시키고, ⑥ 경제적으로 자족할 수 있도록 도와주고, ⑦ 개인행복의 증진과 개인생활의 풍요화(Phi Delta Kapp, 1996)에 기여한 긍정적인 측면도 있다. 산업화 교육과 관료제로는 최소한의 교육을 보장하는 데는 효과를 볼 수 있었다. 그때는 그게 맞던 시대였을지도 모른다. 그러나 이것만 가지고는 21세기를 행복하게 살게 할 수는 없다는 것이다.

그러나 산업사회에 근거한 현대 학교의 기본 틀이 정보사회에도 적합한가에는 의심의 여지없이 고개를 돌릴 수밖에 없다. 그래서 그동안 학교체제와 교육을 바꾸려는 노력이 잇따랐던 것이다. 교육개혁, 학교개선 운동이 모두 이에 해당된다.

그동안 사회는 엄청난 속도로 변화했다. 다음의 그림들처럼 교통수단도, 통신수단도, 그리고 의료수단도 급격하게 변화하여 생활이 편리해졌으며, 또한 인간의 수명도 길어져 우리나라에서도 고령화가 문제라고 한다. 오래 살면 좋을 줄 알았는데 이제 그것이 고통이라고까지 하게 되었다. 산업체들도 이제는 산업시대의 탈을 벗고 재빨리 지식정보사회에 맞게 변하고 있는데 교육만 느리고, 특히 우리나라 교육과 학교가 검은 연기를 내뿜고 있는 것이 안타깝다.

말(馬) → 버스

말만 타고 다녀도 좋다고 했는데 이제는 안락한 버스, 비행기를 타고 다니고 머지않아 로켓을 타고 우주여행을 하게 될 것이다. 자동차는 운전자 없이 자기가 알아서 달리고, 드론도 자기 혼자 날아다니게 되었다.

X-선 → MRI

　X-선의 발명만 해도 대단한 발전이라고 했는데 이제는 MRI, MRA의 발명으로 인간 병의 원인을 밝히는 데 대단한 발전을 이루었다. 의사의 손으로 하는 수술보다 로봇 수술이 더 정확하고 암 덩어리도 표적 치료로 정밀 타격한다고 한다. 충분한 영양과 의료기술의 발달로 인간 100세 시대가 현실이 되었고, 앞으로 얼마나 더 인간 수명이 연장될지 모른다. 인간 장기의 복제로 장기를 기계 부속품 교체하여 쓰듯이 계속 수선하여 쓸 수 있다고 한다. 동물 복제는 이미 현실화되었고 인간 복제도 가능한 정도로 발전하였다.

전보(1850) → 스마트폰

스티브 잡스에 의한 스마트폰은 전화, 전보, 편지, 백과사전은 말할 것
도 없고 카메라, 영사기, 우체국, 은행, 병원, 도서관 등 모든 것을 압축하
는 혁명을 일으켰다. 그래서 어떤 사람은 스티브 잡스의 애플 사과를 아
담과 이브의 사과, 뉴턴의 사과, 세잔의 사과에 이은 네 번째의 혁명적인
사과라고 하고, 스티브 잡스를 에디슨이나 아인슈타인에 버금가는 우리
의 생활을 바꿔 놓은 혁명적인 사람이라고 한다.

　　우리나라는 전통적으로 조용한 '아침의 나라' 농업국가 '조선(朝鮮)'
이었다. 대한민국 국적기 대한항공 기내의 잡지는 아직도 이런 이미지인
'Morning Calm'이라는 이름을 쓰고 있다. 1960년대 초까지만 해도 다른
나라 공장에서 시커먼 연기가 힘차게 피어오르고 시끄러운 공장 기계소
리가 우리에게는 그렇게 부러울 수가 없었다. 그래서 기아자동차와 아시
아자동차는 연기 나는 마크를 자랑스럽게 달고 다니며 우리도 산업화를
이루어 냈다고 흥분했었다. 그런데 어느새 세상은 변하여 굴뚝 연기를 공
해라고 하고 수치스럽게 여기게 되었다. 산업화 이미지, 공해 이미지로는
지구촌에 물건을 팔 수 없게 되었다. 그래서 기업체, 산업체들은 이미지
변신을 하느라고 마크를 바꾸느라 많은 돈을 들였다. 삼성도, LG도, 기아
자동차도 재빨리 변신을 했다. 세계 정상들이 모여 기후변화 대책에 고민
하게까지 하고 있다. 기후변화로 국토 전체가 바다 속에 묻히게 되는 나
라가 생길지도 모른다.

산업체의 재빠른 변화(공업 → 지식정보)

산업체가 이렇게 변신하는 동안 교육과 학교는 무엇을 하고 있었는가? 학교와 교육도 많은 발전을 하고 변화를 시도한 것은 사실이다. 어떤 외국 인들은 우리나라 학교를 호텔 같다고 하면서 이게 특수학교냐고 어리둥 절하기도 하였다. 그런데 실상은 외형은 변했으나 내용과 질, 정신이 기업 체들이 변신하는 속도와 정도만큼 바뀌지 못한 것이 문제다. 그래서 필자 는 경제와 기업체가 제일 앞서가고 그리고 교육이 뒤따라가고, 정치가 제 일 후진이라고 하면서 기업체가 자동차 수준이라면 교육은 손수레(리어 카) 수준이고, 우리나라 정치는 지금 농촌에서도 사라진 지게 수준이라고 말한 적이 있다. 사실은 교육이 먼저 변하여 경제와 정치도 교육이 이끌어 야 하는데, 지금은 교육이 끌려가기에도 버겁고 두려워하기에 이르렀다. 미국의 교실이 변하였다고 하지만 표준화(획일화), 아동낙오방지법(NCLB), 평가와 같이 최저선에 초점이 맞춰지고 교육개혁을 한다고 해봐야 GERM(Global Education Reform Movement를 세균, 병균에 빗대어)에 걸렸다 고 한다. 미국을 이끌고 가는 것은 그래도 대학교육이며, 초·중등교육은 세계 최하위라고 비난받지만 그래도 창의성의 싹은 길러지고 있다고 본 다. 그런데 최근 미국이 성급하게 표준화와 경쟁, 평가를 강조하다 보니 오히려 강점이던 창의성마저 질식시키고 있다는 공격을 받기도 한다.

옛 미국 교실 → 오늘의 미국 교실

〈표 3-1〉과 같이 산업사회의 교육은 새 시대의 교육으로 바뀌어야 하는데, 첫째, 집단중심 획일교육에서 학생 개별중심 다양화 · 특성화 교육으로, 둘째, 시간중심 동시성으로부터 탈동시성으로, 셋째, 분업 · 조립식 교육에서 통합 · 협동식 전인교육으로, 넷째, 교사 책임에서 교사 · 학부모 · 지역사회 공동 책임으로, 다섯째, 대량 교육에서 질의 교육으로 바뀌어야 한다고 요약해 놓고 앞으로 제5장 '21세기의 교육'에서 좀 더 자세히 알아보기로 한다.

<표 3-1> 산업사회 공장식 교육과 새시대의 교육

	산업사회 공장제 교육과 학교	새시대 교육과 학교
1	집단중심(학교, 학급) 획일교육 • 교사는 학급을 가르친다. • 교사는 동질집단을 가르친다.	개별중심 다양화 · 특성화 교육 • 교사는 개별 학생을 가르친다. • 다양한 학생을 가르친다.
2	시간중심 일제식 이동(동시성)	개별 중심, 탈동시성
3	분업 · 조립식 교육 • 교사의 분업 · 조립식 교과에 대한 책임(지식 부분 책임) • 매시간 매번 단기로 로테이션식 조립식 교육	통합 · 협동식 전인교육(지식, 문화의 융합) • 교사의 학생 인격 전체에 대한 책임(사람에 대한 책임) • 보통교육 기간 전체에 대한 연속 · 연계교육
4	교사만의 학생교육책임	교사 · 학부모 · 지역사회의 공통 책임, 팀워크 • 학생의 학교 · 교사 선택과 교사의 학생 선택
5	대량 · 대형 싸구려 교육	질의 교육

04

산업사회에서의 교육개혁 노력

여기에 제시되는 내용은 이미 필자가 오래전(주삼환, 1996)에 발
표한 내용도 있지만, 아직도 그 내용은 유효하다. 그동안 많은
나라에서 산업시대의 교육을 개선하기 위해서 많은 개혁적 노력을 해 왔
다. 미국은 옛 소련의 스푸트니크호 발사 이후 교육과정의 개혁 노력으
로 어느 정도 성공을 거두기도 했고, 또 1980년대 위기의식을 느껴 개혁
의 바람을 불러일으켰다(A Nation at Risk, 1983). 영국은 국가 교육과정 형
성(1988)과 학교단위 자율경영제와 학교 선택권 보장 쪽으로 개혁의 초
점이 잡히고, 일본은 개성 존중과 창의성 신장 교육으로 개혁의 주류를
잡을 수 있었다. 우리나라의 경우도 1980년대 초(1984년)부터 교육개혁
노력을 하고 5 · 31개혁이 성공적이라고 말하는 사람도 있으나, 필자는
결론적으로 말하여 개혁 항목의 나열과 제시로 끝나 버리고 마는 형편이

라고 생각한다.

그러나 대체로 산업사회에 근거하여 만들어진 학교를 고쳐 쓰고자 하는 노력을 해 왔는데, 최근에는 미국에서 틀 자체를 새로 만들어 쓰자는 제안도 나오고 있다. 빌 게이츠는 미국의 고등학교는 고쳐 쓰기에는 너무 낡아 완전히 새로운 형태의 학교를 새로 만들어 써야 한다고 하면서 미래의 학교(School of the Future)를 뉴욕, 필라델피아, 상파울로, 얄타 등에 만들고 있다. 구조만 바꾸고 밑바탕 문화개혁(文化改革)을 하지 못하면 허사라고 하여, 문화개혁과 결과 쪽에 초점을 맞추려는 경향이 있다. 다음에서 좀 더 자세히 말하겠지만, 문화개혁을 미국 교육개혁의 제3의 물결이라고 한다. 더구나 문화창조사회의 지향을 생각하면 문화개혁은 옳은 방향인 것 같다. 앞에서도 말한 것처럼 어떤 이는 고쳐 쓰는 개혁 (re-form) 가지고는 안 되고 완전히 새로운 형태와 체제로 바꿔치는 변혁 (trans-form)을 해야 한다는 것이다(Robinson, 2015, p. xxviii).

과거 주로 미국에서 교육개혁 노력은, 첫째, '더 많이(doing more of the same)' 식이라고 할 수 있다. 지금 하고 있는 것을 더 많이 하면 교육이 좋아진다고 생각한 것이다. 우리나라에서도 이를 따르지 않았다고 하기 어렵다. ① 더 많이 수업을 하여 많이 가르치고(more classroom instruction), ② 더 많이 기초와 과학을 가르치고(more of the 'basics' and science), ③ 더 많이 기강과 질서, 규율을 잡고(more discipline), ④ 더 많이 교사연수를 시키고(more teacher training), ⑤ 더 많이 통제하고(more control), ⑥ 더 많이 학부모를 참여시키고(more parent participation), ⑦ 더 많이 교사의 보수를 올려 주면(Banathy, 1991, p. 7) 교육이 잘 될 것이라는 생각이었다. 특히 우리나라에서 최근까지 더 많이 교원평가와 학교평가를 하고, 더 많이 대학구조개혁평가를 하면 평가가 무서워서 더 많이 교육이 잘될 것이라고 관료들이 믿고 있고 또 이를 국민으로 하여금 믿게 만들고 있다. 지금 하고 있는 일을 더 많이 더 잘하자는 것으로 효율성과 효과성에 초점이 맞추어진 것이다. 이것을 교육개혁의 제1의 물결이라고 한다. 제1의 물결은 또 중앙집권적 하향식 접근이었다. 이런 교육개혁 제1의 물결은 산업사회를 성공시키는 데는 알맞았을지 모르지만 이러한 노력으로는 고도기술 지식정보사회, 우주시대, 인공지능시대에 알맞은 교육을 하기는 어렵다는 것을 쉽게 알 수 있다. 이것도 지나간 시대의 교육개혁 노력인데, 우리는 아직도 이 짓을 하고 있으니 한심한 것이다.

그다음의 개혁 노력은 둘째 구조주의 입장에서 '구조를 바꾸어 (restructuring)' 효과성을 높이려는 데 초점을 맞추었다. 체제나 조직 내의 구성 요소들(components)을 재배치하고, 책임을 재분배함으로써 효과성을 높이려는 것으로 학교와 교수의 구조와 형태의 재배치에 초점을 맞추고 학교 프로그램의 본질(substance)을 건드리지 못했다. ① 조직 내 규칙과 역할, 관계성의 변경, ② 강력한 지도력의 개발, ③ 교사권한 확대 (teacher empowerment), ④ 동료의식의 형성 등의 노력이 이에 해당된다. 이는 새 체제를 새로 만들기보다는 현존 체제 내에서 어떻게 조직을 바꾸고 적응하느냐에 초점이 맞춰졌던 것이다. 이런 재구조화(restructure), 개혁(reform), 쇄신(renew), 개선(improve) 운동도 별 효과를 거두지 못하고 제안으로 그쳐 버린 셈이다. 이것을 미국 교육개혁의 제2의 물결이라고 한다. 지금 우리 교육부가 하고 있는 대학구조개혁평가라는 것도 이름 자체가 이에 해당된다.

이러한 과거의 개혁 노력은 한때 'Re-' 운동으로 유행한 적이 있으나 큰 성과를 거두지 못했다. ① 여러 학문 분야에서 따로따로 접근했고, 또 ② 여전히 전통적인 과학적 접근을 하여 새로운 각도로 보지 못한 점이 있다. 전통적인 과학적 사고에 의하여 만들어진 학교를 다시 과학적 접근으로 보면 학교의 모습이 제대로 보일 리 없는 것은 너무나 당연하다. 이제는 최소한 지식정보의 관점으로 보아야 개혁할 것이 조금이라도 보였을 것이다.

첫째, 체제를 통합적으로 보려고 하지 못하고, 각 학문 분야별로 분리하여 접근한 것이다. 학습사회학, 수업심리학, 교육경제학, 학교문화인류학, 최고의사결정 정치학의 각각의 입장에서 마치 장님이 코끼리 만지는 식으로 부분적으로 접근했던 것이다.

둘째, 전통적인 과학적 탐구에서 부분적 · 점진적 접근을 하여 부분을 통합하는 청사진과 같은 것이 없었다. 개혁을 위한 전체적인 지도가 없었던 셈이다.

셋째, 문제해결의 여러 아이디어들을 통합하는 데 실패했던 것이다. 예를 들면, ① 표준설정 전략, ② 교사연수 전략, ③ 교육과정 개선 전략, ④ 조직 전략, ⑤ 환경변화 전략 등 각각의 전략들을 통합하려는 노력을 하지 못했다.

넷째, 현존 체제 내에서만 개혁하려고 했던 점을 지적할 수 있다. 문제들이 복잡하고, 교육체제가 보다 넓은 체제와 연결되어 있다는 점을 고려하여 개혁 노력을 했어야 한다. 이제는 학교를 이 세상에 처음 만드는 디자인을 한다고 생각하고 만들어야 할 것이다.

우리나라에서는 과거에 교육개혁심의회, 대통령교육정책자문회의, 교육개혁위원회 등을 통하여 교육개혁을 하려고 하였으나 모두 과제 제시나 개혁안만 제시되고, 구체적인 실천 노력이 따라붙지 못했다. 또 교육의 본질을 건드리지 못하고 법과 제도 등 외곽만 건드리다 그친 결과가 되었다. 거의 대부분이 실패로 끝나거나 중단되거나 원점으로 되돌린 것들이다. 최근의 정부는 이런 개혁 노력조차도 아예 포기하였는지 개혁 소리조차 들리지 않고 있다. 혹자는 5 · 31 교육개혁이 성공적이라고 하기도 하지만, 필자의 눈에는 성공으로 보이지 않는다.

그동안의 우리나라 교육개혁 노력은 실패를 전제로 하고 있었다고 혹 평하지 않을 수 없다.

첫째, 기본적으로 우리의 교육개혁 노력은 비전과 목표 · 방향 설정의 현실성 · 우선순위에 문제가 있었다. 교육을 보는 사람마다 가치판단이 다를 수 있으나 현실적으로 한국교육의 가장 급하고도 중요한 것은 '양'이 아니라 '질'이라고 보아야 할 것이다. 그동안의 교육개혁 노력은 교육적 실현성 의도보다는 정치적 선언이라는 이익을 챙기려 했으나 그것마저 실패를 초래했다고 본다. 과거의 교육개혁도 선언이 문제가 아니라 실천이 문제였다. 이들 방안이 모두 성공적으로 실천되리라 기대하는 사람은 아무도 없다. 이러한 잘못된 방향에 맞추어 각 지방 교육청이나 대학이 계속 교육의 양을 늘리겠다고만 한다면 문제다. '많이 가르치고도 실패하는 교육'을 하고 있는 것이다. 현재의 학생들에게 세계 수준의 높은 교육 서비스를 제공해 주고도 여력이 남을 때 교육의 양을 더 열고 늘리는 일을 해도 늦지 않을 것이다.

둘째, 교육개혁의 전략과 절차에 문제가 있다. 수십 년, 수백 년 내려오고 쌓여 온 교육을 일시에 혁명적으로, 종합적으로 바꾸려면 반드시 저항과 부작용이 따른다는 것을 알고, 개혁의 의지가 있었다면 개혁 아이디어를 일찍 공개적으로 내놓아 현장의 소리를 듣고 논의를 거쳐 의견을 수렴하여 방안을 결정하고 이를 발표했어야 한다. 대통령이나 장관이 바뀔 때마다 바뀌는 급조된 교육정책이나 개혁은 실패할 수밖에 없다. 개혁에서 반드시 거쳐야 할 절차를 생략하고 계속 비밀로 부치다가 선거를 앞두고 급하게 터뜨리기식 전략을 쓰게 되니 개혁으로 실질적인 이익이나 손해를 보게 될 당사자인 교육자나 학부모, 국민은 뒷짐 지고 팔짱끼고 구경이나 하는 구경꾼 신세가 되어 바쁜 개혁꾼들의 흥분된 목소리만을 TV 인터뷰로 지켜보게 되었다. 교육 당사자나 이해 당사자들을 제쳐 두고 누구의 힘으로 개혁을 추진할 것인가? 교육 개혁절차의 ABC를 무시한 것이다.

1983년 이후 그렇게 열을 올렸던 미국 교육개혁 10년의 노력은 실패했다는 평가다. 주정부 주도의 중앙집권식(미국은 주자치제이므로)이었기 때문이란 것이다. 교육개혁은 더 이상 리모컨을 가지고는 안 된다는 것이다. 그런데 왜 우리나라에서는 그렇게 참여를 외쳐 대는 사람들이 개혁에 당사자들을 소외시키고 비밀전략, 터뜨리기 전략을 썼는지 모르겠다. 교육개혁 방안을 금융실명제 전략으로 착각했거나 그 재미를 또 보려고 했는지 모르겠다. 교육개혁은 금융개혁과는 다르다. 발표 후에 이제부터 참여하라고 하면 참여 의욕은 줄어들 수밖에 없으나 사후 참여라도 제대로 되어야 할 것이다. 일단 선언해 놓고 꿰어 맞추려니 시간과 노력이 더 들어가고 애초의 의도와 아이디어가 변질되어 목적대로 개혁하기 어렵게 된다.

개혁의 주역이 되어야 할 교원들의 신바람을 불러일으키지 못하는 개혁방안은 100% 실패한다. 교원을 개혁의 춤판으로 끌어들이지 못하고 개혁위원들의 독무대, 장관의 독무대인, 중앙의 솔로 춤만으로는 성공하기 어렵다. 교원은 지금 개혁에 신나지 않고 오히려 안개 속의 불안을 느낀다. 비전이 환하지 못하고 오히려 환상으로 다가오기 때문이다.

교육개혁은 충분한 정보와 증거에 근거하여 점진적이고 단계적으로 이루어져야 한다. 현실을 무시하고 책상에서 생각해 낸 아이디어 발표에 그치는 것은 혼란만 가중시킨다. 단계적 전략이 수반되어야 한다. 검증도 안 된 무책임한 아이디어만으로는 부족하다. 종합생활기록부안을 마치 인성교육을 위한 만병통치약처럼 선전하다 실패하여 전 국민에게 엄청난 혼란을 주고도 사과하거나 책임지는 사람도 없었다. 대학입시 사정관제가 무슨 만병통치약인가?

셋째, 문화적 요인을 충분히 고려하지 못했다. 개혁안의 많은 부분이 선진 외국의 것을 차용하고 있는데 우리나라의 문화가 이러한 개혁안과 맞아 떨어지기 어렵다. 열린 교육사회, 학교운영위원회, 입시문제, 교장 초빙제, 사정관제, 자유학기제 등을 유행시키는 사람들이 있는데, 이것도 문화의 차이를 고려하지 못하여 진통을 겪고 실패를 내다보면서 어쩔 수 없이 하고 있는 셈이다.

공급자 경쟁-수요자(소비자) 선택의 문화를 어느 날 갑자기 180도, 360도 방향을 바꾸어 심으려면 어려움이 클 것이다. 그리고 정치 마인드는 물론이고 경제 마인드, 경영 마인드로 교육개혁을 하려는 데 문제가 있다. 문화개혁, 의식개혁이 되지 못하면 근본적 개혁이 어렵다. 오늘날 기업문화가 강조되듯이 학교문화가 중요하다는 것을 알았어야 한다. 우리의 교육수요자들에게 당장 선택의 자유가 절실했는가? 아니면 선택은 잠시 유보하거나 점진적으로 하더라도 양질의 교육배급이라도 제대로 해달라고 하는 입장이었겠는가? 설사 지금까지 잘못되었다 치더라도 하루아침에 주인 역과 머슴 역을 바꿔 놓는다면 제대로 연극이 이루어질 것인가? 다른 측면으로 보면 우리나라 교육에는 공급자에게도 수요자에게도 선택의 자유가 없다. 학생도 교사도 학교 선택권이 없고, 사립학교나 공립학교나 심지어는 대학까지도 학생 선택권이나 교사 선택권도 없고 오로지 국가 교육 독재만이 존재한다고 할 수 있다. 교육에 관한 한 대한민국은 교육독재국가라고 할 수 있다.

기업에서도 시장원리, 자유경쟁이 제대로 안 되는 한국적 문화에서 교육의 자유경쟁이 문화개혁의 시간 없이 성공 가능한가? 자유경쟁 속에서 기업체가 부도를 내고 도산하듯이 학교가 자유경쟁 속에서 망해야 교육의 질이 올라갈 것인가? 교육이 부도를 내서는 안 된다. 한때는 대학을 많이 만들어 대학입시 경쟁을 없앤다고 하더니 이제는 또 대학을 구조개혁으로 줄이겠다고 한다. 준칙주의로 누구나 대학 세울 수 있게 하겠다고 했던 사람들은 사과 한마디 없이 다 어디에 숨어 버렸는지 보이지 않고 지금 우리나라 대학에 혼란만 일으키고 있다.

학부모와 국민이 지금은 당장 교육수요자이지만 교육자치가 제대로 되면 그들이 바로 교육공급자가 된다. 교육위원회와 학교운영위원회는 교육수요자이면서 동시에 교육공급자가 된다. 원래 교원과 학교는 교육공급자도 수요자도 아닌 공급자의 머슴인 것이다. 기업과 달리 교육을 공급자-수요자의 이분법으로 볼 수 없다. 정치논리, 경제논리로만 교육을 보고 개혁의 칼날을 들이대서는 안 된다. 교육개혁은 경제적 효율성만으로는 안 된다. 정치적 흥정으로도 안 되고, 순수하게 교육적으로 이루어져야 한다. 이제는 과거에 수요자라고 했던 교육의원과 학부모, 심지어는 학생의 갑(甲)질 때문에 과거에 공급자라고 했던 교장과 교사들이 못해 먹겠다고 하며 퇴직으로 떠나겠다고 해도 받아주지도 않는 세상이 되었으니 우리나라 교육이 어떻게 되겠는가? 누가 이 나라 교육을 이렇게 만들었는가?

넷째, 돈 안 드는 개혁은 허상이다. 정권 중반에서야 발표되는 개혁방안, 정권말기에서야 교육재정 확보, 그러면 그동안 그 많은 교육개혁을 무엇으로, 누구의 손을 빌려 개혁할 것인가? 교육재정 확보로 불어나는 돈이 생긴다면 그 돈을 몽땅 교실과 강의실, 실험실에 집어넣어 교육의 질을 향상시킬 생각을 했어야 한다. 그런 방안은 제시되지 않고 무슨 새로운 기구와 기관 · 조직을 또 만든다고 하니 그런 곳으로 돈이 다 새 나갈 것이 우려된다. 교육은 교육환경(여건) 속에서 교사(수)와 학생 사이에 교육과정(내용)을 놓고 상호 작용하는 것이다. 무엇을(교육과정), 어떻게(교수방법), 어디서(교육여건), 누가(교사 · 교수, 학생) 가르치고 배우느냐에 개혁의 핵을 잡지 못하고, 변두리와 외곽만을 맴도는 제도개혁에 열을 올리는 것이 문제다. 개혁의 중심도 학생이 무엇을 얼마나 배우느냐에 둬야 할 것이다.

다섯째, 앞에서 논의한 지식정보사회에 알맞은 교육을 하기 위한 개혁 내용이 거의 없다. 그동안의 우리나라 교육개혁안은 문제가 너무 많아서 일일이 모두 지적하고 비판할 가치도 못 느낀다.

주관적 판단이기는 하나 앞으로의 개혁적 노력은 제로 베이스에서 체제와 조직에 대한 비전을 갖고 이를 조직과 체제의 이미지로 바꾸고 이 이미지를 새로운 설계로 실현시키려는 노력을 할 필요가 있다. 그리고 구조개혁을 뛰어 넘어 **문화개혁, 체제적 개혁**을 해야 한다. 이것을 교육개혁의 제3의 물결이라고 한다.

　우리나라에서 역사에 남을 성공적 개혁은 중학교 무시험제라고 할 수 있다. 획기적인 개혁을 했기 때문이다. 이 외 대부분의 교육개혁 노력은 실패하였다고 볼 수 있는데, 결국은 21세기에 맞는 교육으로 완전히 탈바꿈하지 못했기 때문이라고 할 수 있다. 이제는 산업사회 교육체제를 고쳐 쓸 생각을 하지 말고 완전히 새로운 체제로 디자인해야 한다. Re-Form이 아니라 Trans-Form해야 한다는 것이다.

　최근의 세계교육개혁운동(global educational reform movement)의 경향은 ① 경쟁(competition), ② 표준화(standardization), ③ 평가에 의한 책무성 (test-based accountability), ④ 선택권(choice)에 의한 시장주의(marketization) 다. 이에 대하여 Sahlberg(2015), Robinson(2015), William(2016)과 같은 사람들은 이를 신자유주의에 의하여 교육을 병들게 하는 GERM, 즉 병균이라고 비꼬면서 이와 반대 방향의 ① 협력(collaboration), ② 개성화 (personalization), ③ 신뢰에 의한 책임(trust-based responsibility), ④ 형평성 (equity)에 의한 전문직주의(professionalism)를 강조하고 있다. 이는 신자유주의에 의한 자유시장체제(marketization)에서 전문직주의(professionalism) 로 가야 한다는 것이다. 필자도 후자가 전체적인 방향에 대하여 전적으로 옳은 방향이라고 본다. 교육이 교육논리로 가야지 시장논리, 경제논리, 정치논리로 가서는 안 된다는 것이 필자의 논리다. 교육논리에서 특히 전문직주의는 이 책에서 강조하고 있는 방향과 같다. 교직의 전문성을 인정하고, 교육은 전문직에 맡기고, 교장직이나 교육행정직, 교육감과 교육부장관직만은 전문직 수준으로 높이고, 교육과 교육행정만을 전문가에게 모두 맡기라는 것이다. 우리나라의 지나친 경쟁 일변도를 4C 중의 하나인 협력(collaboration)의 방향으로 전환해야 한다는 것은 너무도 당연하다. 표준화는 산업화의 산물 중 하나로 이제는 시대가 바뀌었으니 다양성에 의한 개성화의 방향으로 가야 한다. 그러나 기초적이고 기본적인 최소한의 것은 모두가 통과해야 할 기준으로 표준화할 필요도 있다고 본다. 평가에 의한 책무성은 배격하고 신뢰에 근거한 책임의 방향은 필자도 강조하는 것이다. 특히 평가도 제대로 하지 못하게 되니까 책무성도 묻지 못하는 평가를 위한 평가로 교육 현장에 혼란만 주고 있기 때문에 빨리 시정해야 할 것으로 본다. 우리나라의 경우는 그동안 선택의 자유(choice)가 미국이나 다른 나라에 비하여 너무나 적었기 때문에 오히려 어느 정도는 확대하여야 한다고 본다. 그러나 형평성의 방향은 계속 추구해야 할 것이다. 형평성을 해치면서까지 선택의 자유를 달라고는 할 수 없다. 형평성은 공립학교와 세금을 통해 보장해 주고 선택의 자유는 사립학교와 다양성을 통해 보장해 주는 방법도 생각해 볼 수 있다. 이러한 방향에 대하여 우리도 참고할 필요가 있다고 본다.

〈표 4-1〉 세계교육개혁운동(GERM)과 Sahlberg의 핀란드 교육 방향

세계교육개혁운동(GERM)		Sahlberg의 핀란드 교육방향
경쟁	⟷	협력
표준화	⟷	개성화
시험평가에 의한 책무성	⟷	신뢰에 의한 책임
선택의 자유	⟷	형평성
자유시장 체제	⟷	전문직주의

05

21세기와 교육

21세기는 산업사회와 많이 다른 사회적 특성을 지닌다. 이에 따라 교육도 21세기 지식정보·문화창조·윤리도덕 사회를 창출해 내기 위해서 달라져야 할 것이다. 여기서는 21세기 지식정보사회의 특징을 간단히 살펴보고, 21세기 지식정보사회의 학교교육의 방향을 제시해 보고자 한다.

21세기에는 우리나라가 일단 지식정보사회가 된다고 가정하고 먼저 지식정보사회의 일반적 특징을 산업사회와 비교하여 살펴보기로 한다. 우선 지식정보사회는 지식과 정보가 사회를 움직이는 원동력이 되기 때문에 지식과 정보를 개발하고 창조하기 위한 지성적 기술(intellectual technology)이 중심이 될 것이다. 학교는 지적 활동을 하는 곳이기 때문에 지식정보사회에서 학교는 어느 기관보다도 중요한 기능을 해야 한다. 산업사회에서는 공장과 기업, 경제가 주도권을 잡았다. 그러나 지식정보사회에서 힘의 기반은 인공지능 기술에 의한 인지적 힘의 확대와 연장이라고 할 수 있다. 지배적인 패러다임은 인공지능체제의 출현과 상호 인과성, 역동적 복합성, 생태학적 사고라고 할 수 있다. 지식정보사회에서 요구되는 기술은 지식과 정보의 수집 · 조직 · 저장 · 활용과 의사소통, 망조직과 체제적 계획과 설계 기술이다. 주요 상품은 이론적 지식과 정보이고, 사회에 대한 의식은 지구촌 의식, 국제화라고 할 수 있다. 이를 산업시대와 대비하여 요약하면 〈표 5-1〉과 같다.

〈표 5-1〉 산업시대와 지식정보시대의 일반적 특징

	산업시대의 일반적 특징	새로운 지식정보시대의 일반적 특징
목적과 형태	물질 생산을 위한 에너지 중심 과정	정보와 지식 개발을 위한 지적 기술 중심과정
힘의 기반	기계에 의한 물리적 힘의 연장	인공지능(고도기술)에 의한 인지적 힘의 확대와 연장
지배적 패러다임	뉴턴적 고전적 과학, 결정론, 환원주의, 단순인과성, 조직된 단순성	인공지능체제 출현, 상호 인과성, 역동적 복합성, 생태학적 사고
기 술	발명, 제조, 직조, 난방, 공학	지식과 정보의 수집 · 조직 · 저장 · 활용, 의사소통, 망조직, 체제적 계획과 설계
주요 상품	에너지, 원료, 중간물질, 기계, 제조 산물	이론적 지식과 정보, (혁신 지원에 사용되는) 설계, 정책 형성, 봉사
사회의식	국가	지구촌 의식 출현

임선하(2012)는 2000년 전후로 '창조사회'로 접어들었으며 창조사회는 산업사회와 다른 특성이 요구된다고 하면서 〈표 5-2〉와 같이 대조하여 요약 제시하고 있다. 창조사회는 지식정보사회보다 한 발짝 더 나아간 사회이다. 창조사회는 열린 사회로 관계(상황 맥락)가 중요하고 창의와 통찰, 숙고, 특정 영역, 의미, 창의적 장인을 중시하는 특성을 갖고 있다고 할 수 있다.

〈표 5-2〉 산업사회와 창조사회의 차별적 특성

사회의 핵심 코드	기존 산업사회	창조사회
사회 구조 특성	고정적 틀(닫힌)	변화하는 체제(열린)
지식 원천	내용(contents)	관계(context)
핵심 사고	논리, 비판	창의, 통찰
교육 중점	지능, 이해	통찰, 구성
교육 속도	빠름(민첩)	느림(숙고)
인재 모형	평균적 교양인	특정 영역의 장인(匠人)
교육 모형	주입 모형(지능)	의미 모형(창의)
핵심 역량	영재(英才, 지능 기반)	창재(創才, 창의 기반)

또한 지식정보사회의 핵심가치가 산업사회와 달리 바뀌게 되고 이 가치에 의하여 새로운 체제를 만드는 아이디어를 생각해 내서 체제 설계로 연결해야 한다(핵심 가치 → 핵심 아이디어 → 디자인). 새로운 핵심가치를 몇 가지 예로 들면 다음과 같다.

첫째, 인간에 대한 생각이 한쪽은 개인과 다른 한쪽은 지구촌으로 초점이 맞춰지게 된다(개인 ← · → 글로벌). 더 이상 나눌 수 없는 인간 한 사람 한 사람에 초점을 맞추는 동시에 다른 한편으로는 하나의 지구에 사는 사람으로 생각해야 하는 측면이 있다. 학교나 학급집단으로 다루려는 생각은 줄어들어야 할 것이다(학급 → 개인 학습자).

둘째, 개인, 가정, 여러 사회 체제 내에 내재하는 독특성과 독특한 가능성을 존중해야 한다. 이 세상에 하나밖에 없는 아이(I)들(Is), 학생들이 귀중한 것이다.

셋째, 학습의 자유와 권리가 존중되어야 한다. 배우는 방법에는 여러 가지가 있고 어떻게 배우느냐는 각 학습자에게 맡겨야 한다.

넷째, 삶의 질 확보와 풍요화를 귀중하게 여겨야 한다. 특히 학생과 교사의 삶의 질을 심각하게 따져 봐야 한다. 지금 우리나라에서는 배우는 사람과 가르치는 사람의 삶의 질은 고려의 대상에도 들지 못하고 있다. 우리나라 학생들의 학교와 교육에 대한 만족도와 행복감이 세계에서 제일 낮다는 것은 이미 잘 알려진 사실이고 심지어는 자살률도 10만 명 당 29.1명으로 OECD국가 중 가장 높을 것으로 본다(OECD, 2012). 학생들은 우선 학교에서 행복하고 안전감, 안락감을 느껴야 한다.

다섯째, 윤리적 · 도덕적 · 정신적 발달과 문화적 다양성이 중시되어야 한다. 지식정보사회에서도 인간답게 살아야 하고, 삶의 방식은 다양할 수 있다. 다문화가정의 증가는 이런 면에서는 좋은 측면이 있다. 산업사회에서 물질이 지배하는 사회인 것이 문제가 되었듯이, 지식정보사회에서도 정보가 인간을 압도하여 정보지배 사회가 되면 또 문제가 될 수 있다.

여섯째, 대인관계와 사회적 관계성은 지식정보사회에서도 여전히 중요하다. 인간관계는 옛날이나 지금이나 미래에나 인간사회의 기본이 된다.

일곱째, 위협적 힘(정치/군사), 교환적 힘(경제), 통합적 힘(사회) 중에서 통합적 힘이 제일 중요시된다. 교육을 통해서 사회통합을 어떻게 이룰 것인지 생각해야 한다. 우리나라 남북통일도 교육을 통해서 이룩할 생각을 해야 한다. 총알(군사, 정치)이나 달러(경제)를 가지고 남북통일을 생각하던 시대는 이미 지나갔다고 본다.

여덟째, 학습과 인간개발을 육성하는 일이 중요시된다. 학교 안에서뿐만 아니라 평생 스스로 배워 가면서 살아가야 하는 세상이기 때문에 학습력과 인간개발 능력을 길러야 한다.

이러한 가치들이 핵심가치로 부상하게 되면 교육은 새로운 사회적 기능을 담당하게 된다.

첫째, 사회와 교육의 상호 발전 관계가 성립된다. 지식정보사회에서는 지식과 정보를 개발하고 창출하는 교육이 보다 더 중시되지 않을 수 없다. 물질주의에서는 공장이 학교보다 더 중시될 수도 있었으나, 지식정보사회에서는 학교가 곧 지식 생산의 공장이 되는 셈이다.

둘째, 다른 사회체제와의 새로운 관계성을 성립해야 한다. 정치체제, 경제체제, 문화예술체제와 같은 다른 체제와의 고려 없이 교육체제에서만 개혁을 시도해서는 소용없을 것이다. 그래서 최근에 '교육생태계' '학습생태계'라는 분야가 강조되고 있다.

셋째, 지구촌 사회와 교육체제와의 관계를 성립해 나가게 된다. 지구 안에서 같이 살아가기 위한 교육이 되어야 할 것이다.

넷째, 인간의 잠재능력 개발이 가장 중요한 산업이 된다. 그래서 그런지 최근에 더욱 인적 자원 개발(Human Resources Development: HRD) 분야가 강조되고 있다.

다섯째, 학습의 자유와 권리, 앎에 대한 권리의 보장이 더 중요한 기능이 된다. 지금은 학생들이 스스로 배울 자유가 보장 되지 못하고 있다. 교육과정, 교과서, 시험, 대학수학능력시험 등으로 학습의 자유에 구속을 받고 있다.

여섯째, 인간의 질과 지혜의 발전이 교육의 중요한 기능이 된다. 지식도 중요하지만 더 중요한 것은 삶의 지혜인 것이다.

일곱째, 인간 조건의 개선이 중요한 교육 기능이 된다. 인간이 인간답게 살 수 있게 하는 환경과 조건을 만들어 줘야 한다. 지금은 교육이 오히려 인간의 조건을 파괴하는 기능을 하고 있는지 모른다. 교육 때문에 학생과 교사의 삶이 파괴되고 있다. 교육을 한다고 오히려 많은 사람을 망치게 하고 있을 수도 있다.

이렇게 되면 학습에서도 달라져야 하는 것은 너무나 당연하다. 그 방향을 제시하자면 다음과 같다.

첫째, 고등정신 기능의 고등학습 내용으로 바뀌어 가야 한다.

둘째, 고도기술 시대에 요청되는 능력을 개발하는 학습이 되어야 한다. 소프트웨어를 다룰 줄 아는 것은 그 하나의 예일 것이다.

셋째, 변화를 관리하고 형성하는 데 도움이 되는 학습을 해야 할 것이다. 변화에 수동적으로 적응하고 대처만 하는 것이 아니라 변화를 주도적으로 관리해야 한다.

넷째, 협력학습 능력을 획득하도록 하여야 할 것이다. 혼자 학습문제를 해결하는 것보다 여럿이 협력하여 해결하는 것이 낫다는 생각이다.

다섯째, 체제적 사고능력과 협동능력을 기르기 위한 학습이 되어야 할 것이다.

여기서 지식정보사회에 필요한 몇 가지 중요한 덕목을 뽑아낼 수 있다.

첫째, 개별성과 독특성을 강조하게 된다. 개인과 그 개인의 독특성에 초점을 맞추고, 또한 이를 인정·장려해야 한다.

둘째, 다른 한편으로는 공간을 확대하여 지구촌에서 살아갈 것을 생각하면 지구촌·국제화, 개방성이 중요시된다. 마음이 열리고, 공간이 열리고, 시간이 열리고, 체제가 열려야 한다.

셋째, 더불어 살아가기 위해서는 협동성, 동료의식, 팀 정신, 통합성이 요구된다. 학생들도 팀으로 학습해 나가고, 교사도 팀으로 가르치고, 행정가들도 팀으로 행정하고 경영·관리·지원하게 되기 때문이다. 조각난 지식을 통합하고 분리주의로부터 통합주의로 나가야 한다. 그렇게 되기 위해서는 팀의 문화가 형성되어야 한다.

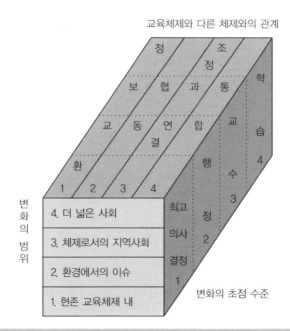

[그림 5-1] 변화와 개혁 시 고려할 차원

출처: Banathy(1991), p. 49.

넷째, 변화의 시대에는 융통성과 신축성이 강조된다. 교육과정도, 학습도, 행정도, 조직도, 시설도, 융통적이고 신축적이어야 한다.

이러한 몇 가지 중요한 개념을 염두에 두고 21세기의 교육을 그려 볼 필요가 있다.

또한 새로운 체제의 학교를 구상한다면, ① 변화의 초점, ② 변화의 범위, ③ 교육체제와 다른 체제와의 관계의 3차원을 체계적으로 고려해 볼 필요가 있다. 새로운 체제를 [그림 5-1]의 육면체로 나타낼 수 있다.

예를 들면 첫째, ① 최고의 의사결정, ② 행정, ③ 교수, ④ 학습의 네 수준에서 어디에 변화 노력의 초점을 맞출 것인가? 최종적으로 '학습' 수준 쪽으로 초점이 옮겨 가야 할 것이다. 둘째, ① 현존 교육체제 내, ② 환경에서의 이슈, ③ 체제로서의 지역사회, ④ 보다 더 넓은(광범한) 사회 중 어디까지 범위를 확대할 것인지 결정해야 한다. 보다 '더 넓은 사회' 쪽을 향하여 가야 할 것이다. 셋째, 교육체제와 다른 체제와의 관계를 ① 정보교환, ② 협동, ③ 조정과 연결, ④ 통합의 수준에서 어느 형태를 취할 것인가를 종합적으로 구상하여 개혁 노력을 할 필요가 있다. '통합'의 수준의 방향으로 관계를 밀착해야 할 것이다. 결국은 제일 마지막의 '학습×더 넓은 사회×통합'의 육면체로 변화의 초점 방향을 잡아야 할 것이다. 특히 시간과 재정, 노력이 부족한 상황에서는 변화의 초점을 잘 잡아야 한다. 시작은 앞에서부터 하더라도 궁극적으로는 최종 목표에 도달해야 변화는 성공하는 것이다. 가다 말면 변화 노력은 허사가 된다. 바늘 침이 초점 지점까지 이르도록 해야 변화라는 침의 효과를 볼 수 있는 것이다.

06

21세기
한국교육

21세기에 요구되는 기능

사람이 살아가기 위해서는 여러 기능이 필요하다. 잘 살아가기 위해서는 그 시대에 맞는 기능이 더 절실하게 요구된다. 그래서 21세기를 살아가는 데 필요한 기능은 20세기나 그 이전의 사람에게 요구되던 기능과는 판이하게 다르리라는 것은 자명한 사실이다. 많은 나라, 많은 단체와 연구기관에서 21세기가 되기 전부터 이러한 21세기에 요구되는 기능에 대하여 연구하고 또 연구한 것을 발표하기도 했다. 예를 들면, ① 21세기 기능연구회(www.21stcenturyskills.org)에서 연구하여 발표하였는데 우리나라에서 여기서의 산물을 번역하여 『21세기 핵심역량』(한국교육개발원 역, 2012)으로 출판하고, '핵심역량교육학회'를 창립하기도 하였다. ② 싱가포르 교육부의 모델, ③ Expert 21의 21세기 기능, ④ 미국 노동부의 SCANS, ⑤ 호주 멜버른대학교의 21세기 기능 교수평가

(ATC21S), (6) UNESCO의 지속가능개발을 위한 교육(ESD), (7) OECD의 DeSeCo 등에서도 21세기에 필요한 인재가 갖춰야 할 기능, 가치 등을 제시하고 있다.

여기서는 이런 외국의 단체나 연구기관에서 제시한 21세기에 요구되는 주요 기능에 대하여 살펴보고 이를 종합해 보기로 한다.

1. 21세기 기능연구회의 연구

21세기 기능연구회(www.21stcenturyskills.org)는 21세기에 요구되는 기능과 이에 따른 환경을 [그림 6-1]과 같이 무지개 모양으로 제시하고 있다.

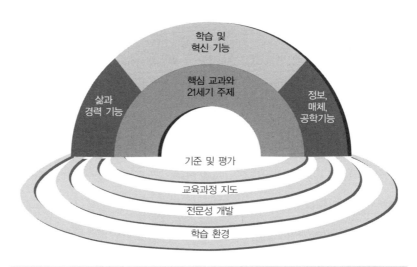

[그림 6-1] 21세기에 요구되는 기능

출처: 한국교육개발원 역(2012), p. 171에서 수정 보완.

여기서는 21세기 학생들이 학습하여 산출해 내야 하는 산물로는 ① 기능(skills) 뿐만 아니라 ② 지식(knowledge), ③ 전문능력(expertise)까지 포함하고 이를 무지개 모양으로 밖으로 내놓고 이를 산출하기 위해 필요한 조건이나 환경을 지원체제라고 하여 지구본의 바탕 모양으로 밑에 깔아 놓고 있다. 전체적으로 아주 아름답고 논리적이고 종합적이며 체제적인 모형으로 필자도 좋아하는 그림이다.

21세기 학생의 학습 산출

학생들이 21세기의 성공적인 일(직업)과 삶을 살기 위하여 갖춰(숙달해)야 할

1. 기능(skills)

2. 지식(knowledge)

3. 전문 능력(expertise)

출처: www.21stcenturyskills.org

[그림 6-1]에서 무지개 모양의 21세기 학생이 최종적으로 성취해야 할 산출물은 다시 ① 핵심 교과와 주제, ② 학습 및 혁신 기능, ③ 정보 매체 공학기능, ④ 삶과 경력(직업)기능 등의 네 가지로 나누어 제시하고 있는데, 필자는 앞으로의 사회는 문화예술창조(윤리도덕)사회가 강조된다고 앞에서 말하였기 때문에 ⑤ 문화예술기능을 강조하는 의미에서 하나 더 추가하고 싶다.

21세기 기능연구회는 21세기 핵심 교과로 ① 국어, 독서, 언어 기술, ② 세계 언어, ③ 예술, ④ 수학, ⑤ 경제, ⑥ 과학, ⑦ 지리, ⑧ 역사, ⑨ 정부와 시민성으로 압축하여 제시하고 있는데, 전통적인 언어, 수학, 과학, 사

회, 예술에서 오히려 세계언어와 경제, 지리, 역사를 별도로 떼어 강조한 셈이다. 미국이 전통적으로 국어(영어)와 역사, 지리를 강조한 것은 이미 알고 있던 사실이고, 영어(국어) 외에 다른 나라 언어에 해당하는 세계 언어를 강조하고 우리나라에서 사회로 묶여 있는 경제를 강조하느라 분리하여 따로 제시하고 있는 점이 특이하다고 할 수 있다.

21세기의 핵심 교과와 주제

1. 국어, 독서, 언어 기술 2. 세계 언어 3. 예술 4. 수학 5. 경제 6. 과학
7. 지리 8. 역사 9. 정부와 시민성

범교과적 주제

1. 글로벌 의식(글로벌 문해) 2. 재정, 경제, 사업, 기업 문해
3. 시민성 문해 4. 건강 문해 5. 문화 문해(필자의 추가)

범교과적 주제로는 ① 글로벌 문해라고 해서 글로벌 의식을 다루는 주제, ② 재정(금융), 경제, 사업과 기업 문해, ③ 시민성 문해, ④ 건강 문해를 제시하고 있는데, 필자는 앞에서와 마찬가지로 ⑤ 문화 문해를 추가하고자 한다. 여기서는 '문해(literacy)'라는 용어를 쓰고 있는 점이 특이하다. 여기서 이해하고 의식을 높인다는 의미에서 'illiteracy(문맹)'의 반대가 되는 'literacy'라는 용어를 선택한 것이다.

21세기 기능연구회는 학습기능과 혁신기능을 21세기의 중요한 산출기능으로 강조하고 있는데, 여기에는 ① 창의성과 혁신성, ② 비판적 사고와 문제해결력, ③ 의사소통과 협력성이 포함된다. 여기서는 다른 곳에서

따로 떼어 놓았던 것을 두 개씩 묶어 놓았다고 볼 수 있다. 창의성과 협동성, 비판적 사고와 문제해결력, 의사소통과 협력성 이렇게 묶여 있다.

학습 및 혁신 기능

1. 창의성과 혁신성
2. 비판적 사고와 문제해결력
3. 의사소통과 협동성

창의성(creativity)과 비판적 사고(critical thinking), 의사소통(communication), 협력성(collaboration)은 최근에 강조된 4C가 여기에 모두 포함되는 셈이다. 다음 [그림 6-2]와 같이 머리로 비판적인 사고를 하여 그 생각을 주로 입을 통하여 언어로 의사소통하고, 손잡고 협력적으로 행동으로 일하는데 전등불이 켜질 때처럼 번뜩이는(또는 에디슨이 전등을 발명하던

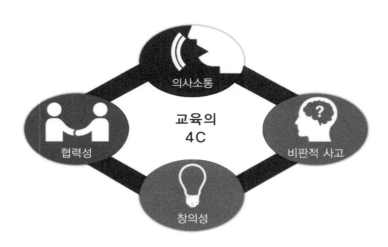

[그림 6-2] 최근 강조되는 교육의 4C

때와 같은) 창의성을 종합적으로 상징적으로 나타낸 것이다.

이 4C에 ⑤ 다문화(cross-culture) 문해, ⑥ 컴퓨터(cumputing) 문해, ⑦ 직업(career) 문해의 셋을 더하여 7C로 〈표 6-1〉와 같이 나타내기도 한다. 여기서는 학교교육뿐만 아니라 평생학습에까지 확대한 점을 알 수 있다. 'C'라고 하면 학점이나 품질 평가에서 나쁜 인상을 가지던 글자인데, 지금에 와서는 이렇게 A나 B보다도 좋은 이미지를 주고 강조될 줄은 몰랐다. 〈표 6-1〉에서는 각 C에 해당하는 구체적인 구성 기능(component skills)을 제시한 점이 좋아 보인다. ① 비판적 사고와 행동(critical thinking and doing)의 구성 기능에는 문제해결, 연구, 분석, 프로젝트 관리 기능이 예시로 제시되고, ② 창의성(criativity)에는 새로운 지식 창출, 최적의 디자인 해결, 예술적 스토리텔링 등이, ③ 협력성(collaboration)에는 협동, 타협, 합의, 공동체 형성 등이, ④ 의사소통(communication)에는 아름다운 메시지 전달력, 효과적인 미디어 활용력 등이, ⑤ 다문화 이해(cross-cultural understanding)에는 다인종과 다양한 지식과 조직 문화 등이, ⑥ 컴퓨터와

〈표 6-1〉 7C - 21세기 평생 기능

7C	하위 구성 기능
① 비판적 사고와 행동	문제해결, 연구, 분석, 프로젝트 관리 등
② 창의성	새로운 지식 창출, 최적의 디자인 해결, 예술적 스토리텔링 등
③ 협력성	협력, 타협, 합의, 공동체 형성 등
④ 의사소통	아름다운 메시지 전달력, 효과적 미디어 활용력 등
⑤ 다문화 이해	다인종과 다양한 지식과 조직 문화 등
⑥ 컴퓨터와 ICT 문해	전자 정보와 지적 도구의 효과적 사용
⑦ 직업과 학습에 대한 자신감	변화와 평생학습, 직업 재정의

ICT 문해(computing/ICT literacy)에는 전자정보 지식 수단의 효과적인 활용이, ⑦ 직업과 학습에 대한 자신감(career & learning self-reliance)에는 변화와 평생학습, 직업에 대한 재정 관리 등이 포함되는 것으로 구체적으로 제시하여 주어 이들 기능을 이해하는 데 도움이 된다.

그리고 전통적으로 과거에는 3Rs로 읽기(Reading), 쓰기(wRiting), 셈하기(aRithmeting)를 기초교육이라고 했었는데, 지금은 여기에 '비판적 사고'와 '문제해결력'까지를 기초교육에 포함시키는 동시에 읽기와 쓰기를 의사소통(communication)으로 묶는 경향도 있다. 그리고 Bloom(1956)은 교육목표 분류의 인지적 영역에서 전통적으로 ① 지식, ② 이해, ③ 적용, ④ 분석, ⑤ 종합, ⑥ 평가의 순으로 고등정신기능의 순서를 들었는데, 이를 수정하여 지금(Anderson & Krathwohl, 2001)은 ① 기억하기(remembering), ② 이해하기(understanding), ③ 적용하기(applying), ④ 분석하기(analysing), ⑤ 평가하기(evaluating), 그다음 최고 고등정신기능으로 ⑥ 창조하기(creating)로 순서를 바꾸고 또한 용어 자체를 동(명)사화하여 수정 보완하고, 제목 자체도 '교육목표 분류'에서 '학습, 교수, 평가의 분류'라고 구체적으로 제시하고 있다(그림 6-3) 참조). 어쨌든 창의성과 혁신성, 비판적 사고, 의사소통, 협력성은 21세기의 중요한 학습기능이라 하겠다.

과거에도 그랬어야 할 교육기능이었지만, 특히 21세기에는 학교교육이 삶과 살아가면서 직업을 가지고 일하는 데 필요한 직업경력기능을 길러주는 데 초점을 맞춰야겠다는 것이다. 이것이 네 번째 '삶과 경력기능'이다. 특히 한국교육은 학교에서 살아가는 데 필요한 교육을 하지 못하고 있다고 필자는 앞에서도 지적하였다. 삶과 경력기능에는 ① 융통성과 적

[그림 6-3] Bloom의 개정 교육목표 분류

출처: Bloom et al. (1956); Anderson & Krathwohl(2001).

응력, ② 주도성과 자기주도성, ③ 사회적 기능과 범문화적 기능, ④ 생산
성과 책무성, ⑤ 리더십과 책임성을 들고 있다. 이러한 기능이 직업을 가
지고 경력을 쌓고 일을 하면서 살아가는 데 지식보다도 더 절실하게 필요
한 기능일 것이다.

삶과 경력기능

1. 융통성과 적응력
2. 주도성과 자기주도성
3. 사회적 · 범문화적 기능
4. 생산성과 책무성
5. 리더십과 책임성

21세기 기능연구회는 세 번째 산출기능으로 정보, 매체, 공학기능을
들고 있는데, 이는 지식정보사회에서 많이 강조하는 것으로 ① 정보 문

해, ② 매체 문해, ③ ICT 문해를 내세우고 있는데, 이에 대하여는 하도 많이 이야기하고 또 들어서 여기에 대해서는 특별히 더 언급할 필요가 없을 것이다.

정보, 매체, 공학기능

1. 정보 문해
2. 매체 문해
3. ICT(정보통신) 문해

필자가 추가한 다섯 번째 문화예술기능으로는 ① 문화예술적 감성, ② 열정, ③ 상상력, ④ 문화예술 기술적(technical) 기능을 제시하여 보았다. 상당 부분 창의성과도 겹치는 부분이 있다. 문화예술에는 풍부한 감성이 있어야 하고, 열정이 있어야 하며, 무한한 상상력이 있어야 하고, 문화예술의 기술적 기능이 있어야 한다고 본 것이다. 이러한 기능도 개인적 노력이나 사교육에 맡기지 말고 초·중·고등학교의 공교육에서 충분히 담당해 줘야 한다고 본다.

문화예술기능(*필자의 추가)

1. 문화예술적 감성
2. 열정
3. 상상력
4. 문화예술 기술적 기능

21세기 기능연구회에서 제시한 21세기 기능에 필자가 추가한 것을 종합하면 〈표 6-2〉와 같다.

〈표 6-2〉 21세기 기능연구회의 21세기 기능

21세기 성취기능	21세기 기능 구성요소
핵심 교과	① 국어로 독서와 언어 기술 ② 세계 언어 ③ 예술 ④ 수학 ⑤ 경제 ⑥ 과학 ⑦ 지리 ⑧ 역사 ⑨ 정부와 시민성
범교과적 주제	① 글로벌 의식(문해) ② 재정(금융), 경제, 사업과 기업 문해 ③ 시민성 문해 ④ 건강 문해 ⑤ 문화 문해
학습 및 혁신 기능	① 창의성과 혁신성 ② 비판적 사고와 문제해결력 ③ 의사소통과 협동성 (저자 주-4C와 주로 관련)
삶과 경력기능	① 융통성과 적응력 ② 주도성과 자기주도성 ③ 사회적 기능과 범문화적 기능 ④ 생산성과 책무성 ⑤ 리더십과 책임성
정보, 매체, 공학기능	① 정보 문해 ② 매체 문해 ③ ICT 문해
문화예술기능	① 문화예술적 감성 ② 열정 ③ 상상력 ④ 문화예술 기술적 기능

이 〈표 6-2〉에서 핵심 교과와 범교과적 주제는 무지개의 가운데에 있는 것으로 학교에서 다뤄야 할 교과와 주제를 제시한 것이고, 이를 통하여 성취하고 뽑아내야 할 21세기 기능은 ① 학습 및 혁신기능, ② 삶과 경력기능, ③ 정보, 매체, 공학기능, ④ 문화예술기능이라고 요약할 수 있다.

이러한 21세기에 필요한 기능을 길러 내기 위해서는 이를 길러 낼 수 있는 여건과 조건, 환경, 토양을 마련해 줘야 한다. 21세기 기능연구회는 [그림 6-4]와 같은 지원체제가 마련되어야 한다고 보았다. 이것이 아름다운 무지개를 가능케 하는 **지원체제**로, ① 21세기 표준과 평가체제, ② 교육과정과 수업, ③ 교원의 능력 개발, ④ 학습 환경이다. 이 지원체제에 대하여는 다음에서 별도로 좀 더 자세히 다룰 것이다.

표준과 평가체제
교육과정과 수업
교원의 능력 개발
학습 환경

[그림 6-4] 21세기 기능을 성취하기 위한 지원체제(여건과 조건, 환경)
출처: 한국교육개발원 역(2012).

2. 싱가포르 교육부의 모델

21세기 기능연구회의 무지개 모델보다 좀 더 종합적인 모델이 싱가포르 교육부(www.moe.gov.sg)가 제시하고 있는 '변화하는 시대(21세기)의 역량(competencies)'이다. 싱가포르에서는 ① 21세기에 역량을 갖춘 시민상·학생상을 먼저 제시하고, 이에 필요한 ② 핵심가치(core values)를 제시하고, 이 가치를 바탕으로 하는 ③ 사회정서적 역량과 ④ 21세기 역량을 [그림 6-5]와 같이 동심원으로 하여 종합적으로 제시하고 이를 달성하기 위해서 노력하고 있다. 이 그림의 맨 바깥 원이 ① 21세기 싱가포르 시민상·학생상이고, 가운데 중심원이 ② 핵심가치이고, 그다음 원이 ③ 사회정서적 역량이고, 그다음 표면에서 두 번째 원이 ④ 21세기 역량이다.

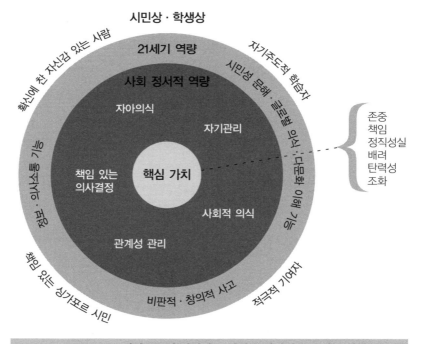

[그림 6-5] 싱가포르의 변화하는 시대 21세기에 요구되는 역량

싱가포르가 싱가포르 교육을 통하여 산출되기를 바라는 학생상이며 궁극적으로 추구하고자 하는 21세기 싱가포르 시민상으로 ① 확신에 찬 자신감 있는 사람, ② 자기주도적 학습자, ③ 적극적 기여자, ④ 책임 있는 싱가포르 시민(concerned citizen; 저자 주— '배려하는 시민'으로 번역할 수 있으나 내용상 책임이 강조되어 '책임 있는 시민'으로 번역함)을 그림의 맨 바깥 원에 제시하고 있다. 이것을 싱가포르교육부는 '기대하는 교육 결과(Desired Outcomes of Education: DOE)'라고 하는데, 자아의식(self-awareness)과 건전한 도덕심(sound moral compass)과 미래의 도전에 필요한 기능과 지식을 갖춘 사람을 기르고자 한다. 이러한 사람은 가족과 지역사회 그리고 국가에 책임을 질 수 있고, 자기를 둘러싸고 있는 세상의 아름다움을 느낄 수 있고 건전한 정신과 신체를 갖고, 생을 찬미할 수 있는 사람이라고 한다. 이를 좀 더 구체적으로 살펴보면 다음과 같다.

① 확신에 찬 자신감 있는 사람(a confident person): 옳고 그름을 분명하게 판단하고, 적응력과 탄력성이 있고, 자기 자신을 알고, 정의를 분별할 줄 알고, 독립적 비판적으로 사고하고, 효과적으로 의사소통할 수 있는 사람

② 자기주도적 학습자(a self-directed learner): 자신의 학습을 위하여 질문하고, 반성하고, 인내하고, 책임을 지는 사람

③ 적극적 기여자(an active contributor): 팀 속에서 효과적으로 함께 일할 수 있고, 혁신적이고, 세심하게 계산된 모험을 감행하고, 우수성을 추구하기 위하여 노력하는 사람

④ 책임 있는 싱가포르 시민(a concerned citizen): 싱가포르에 뿌리를 박

고 강한 시민 책임감을 갖고, 싱가포르와 세계에 대하여 잘 알고, 자기 주위의 다른 사람의 삶을 보다 윤택하게 하기 위하여 적극 참여하는 사람

싱가포르의 21세기 역량에서 중요한 것 중의 하나는 역량의 핵에 해당하는 중심 원에 추구하는 가치를 바탕으로 제시하고 있다는 점이다. 원래 이 가치는 철학(philosophy)에서 사명(mission)을 거쳐 가치(value)로 나오는 '철학 → 사명 → 가치'의 순서인데, 여기서는 이 전체를 밝히지 않고 추구하는 가치만 제시하고 있다. 여기서는 '가치 → 사회정서적 역량 → 21세기역량 → 학생상(시민상, 인간상)'의 순서로 논리를 전개한 셈이다.

싱가포르의 21세기 역량의 핵심가치는 ① 존중, ② 책임, ③ 정직성실, ④ 배려, ⑤ 탄력성, ⑥ 조화다. 이들 가치가 무엇을 의미하는지 싱가포르교육부가 제시한 내용은 다음과 같다.

① 존중(respect): 자기 자신의 가치와 다른 모든 사람의 고유의 가치를 믿을 때 그 학생은 존중을 보여 주는 것이다.
② 책임(responsibility): 자기 자신과 가족, 지역사회, 국가에 대한 의무가 있다는 것을 인정하고, 사랑과 헌신의 마음으로 자신의 책임을 다한다면 그 학생은 책임을 다하는 것이다.
③ 정직성실(integrity): 윤리적 원칙을 존중하고 옳음을 옹호하는 도덕적 용기를 가지고 있다면 그는 정직하고 성실한 학생이다.
④ 배려(care): 친절과 동정심을 갖고 행동하고 보다 나은 지역사회와 세계를 위하여 기여한다면 그는 배려하는 학생이다.

⑤ 탄력성(resilience): 정서적으로 강인함을 갖고 도전에 당면하여 인내한다면 탄력적인 학생이라고 할 수 있다. 이런 학생은 용기와 낙관성, 적응력, 유용한 자원 가능성을 보여 준다.

⑥ 조화(harmony): 내적 행복을 추구하고 사회적 화합을 도모하고자 하는 학생이라면 조화에 가치를 두는 사람이라고 할 수 있다. 이런 학생은 다문화사회에서의 통일성과 다양성을 동시에 존중하게 된다.

싱가포르는 21세기에 학생들이 갖추고자 하는 **사회정서적 역량**(social and emotional competencies)으로 그림의 중간 원에 배치했는데, 그 역량으로는 ① 자아의식, ② 자기관리, ③ 사회적 의식, ④ 관계성 관리, ⑤ 책임 있는 의사결정 등이 있으며, 그 의미는 다음과 같다.

① **자아의식**(self-awareness): 자기 자신의 정서와 강점, 성향, 약점을 이해한다면 자아의식을 가진 학생이라고 할 수 있다.

② **자기관리**(self-management): 자기 자신의 정서를 관리할 수 있는 능력을 갖는다면 효과적으로 자신을 관리하는 학생이라고 할 수 있다. 이런 학생은 아마도 스스로 동기유발되고, 자율적이고, 강한 목표 설정력과 조직생활 기능으로 보여 줄 것이다.

③ **사회적 의식**(social awareness): 다른 관점을 정확하게 구별하는 능력을 갖고, 다양성을 인정하고 또 존중하고, 다른 사람과 함께 공감하고 또 다른 사람을 존중한다면 사회적 의식을 하는 학생이라고 할 수 있다.

④ 관계성 관리(relationship management): 효과적인 의사소통을 통해서 건전한 관계성과 보상적인 관계성을 형성하고 유지하는 능력을 갖추고, 이슈가 되는 문제를 풀기 위하여 그리고 다른 사람에게 도움을 주기 위하여 다른 사람과 함께 일할 수 있다면 효과적으로 관계성을 관리하는 학생이라고 할 수 있다.

⑤ 책임 있는 의사결정(responsible decision-making): 능숙하게 상황을 파악하고 분석하는 능력을 가졌다면 책임 있는 의사결정을 할 수 있는 학생이라고 할 수 있다. 인간적이고 도덕적이며 윤리적인 배려에 근거하여 내린 결정의 의미에 대하여 반성할 수 있어야 한다.

싱가포르가 지향하는 21세기 역량은 제일 바깥원에 제시되어 있는데, ① 시민성 문해 · 글로벌 의식 · 다문화 문해 기능과, ② 비판적 · 창의적 사고, ③ 정보 · 의사소통 기능 등의 세 가지를 내세우고 있는데, 그 구체적인 내용은 다음과 같다.

① 시민성 문해 · 글로벌 의식 · 다문화 이해기능(civic literacy, global awareness & cross-cultural skills): 우리 사회는 점점 더 세계화되고, 점점 더 많은 싱가포르인이 해외에 진출하여 일하고 있다. 그러므로 젊은이들은 보다 넓은 세계관을 갖고 다양한 문화적 배경을 가진 우리와 다른 생각과 관점을 지닌 사람들과 함께 일할 수 있는 능력을 갖지 않으면 안 된다. 동시에 우리 젊은이들은 국가적 이슈에 대하여 잘 알아야 하고, 싱가포르 국민임을 자랑스럽게 생각하고, 지역사회를 위하여 적극적으로 기여해야 한다.

② 비판적 · 창의적 사고(critical and inventive thinking): 미래의 젊은이는 비판적인 사고를 하고, 여러 선택 가능성을 잘 평가하여 최선의 결정을 할 수 있어야 한다. 그러므로 젊은이들은 배움을 열망하고, 탐구 개척하고, 갇힌 상자에서 벗어난 열린 사고를 할 수 있도록 준비된 사람이 되어야 한다. 실수를 두려워하지 말고, 부닥치는 장애를 딛고 도전할 수 있어야 한다.

③ 정보 · 의사소통 기능(information and communication skills): 현재는 인터넷 혁명 시대로 한 번 클릭만 하면 쉽게 정보를 얻게 되었다. 그래서 우리 젊은이들은 무슨 질문을 하고, 어떻게 정보를 걸러내고, 나에게 적절하고 유용한 정보를 어떻게 발췌하는지 알아야 한다. 동시에 가상 공간에서 윤리적 실천을 하는 한편 피해를 입지 않도록 자신을 방어할 수 있는 분별력을 가져야 한다. 21세기 작업환경에서 젊은이들은 집단 목표를 달성하기 위하여 책임을 공유하고 함께 결정하기 위하여 서로 존중하는 자세로 함께 일할 수 있어야 한다. 함께 일하다 보면 중요하게도 분명하고 또 효과적으로 의사소통할 수 있어야 한다.

싱가포르 교육부가 이렇게 21세기에 대비하는 교육의 방향을 제시하고 노력하는 데 비하여, 우리 교육부는 우리의 교육이 어느 방향으로 어떻게 나아가고 있는지 국민이 알 수 없게 만들어 놓고 그저 공부 열심히 하기만을 기대하고 있는 형국이다. 우리나라 교육부 직제 조직 구성을 보면 이런 방향을 제시할 수 있을 만한 인력조차 없고 이런 생각 자체를 못하고 있는 셈이다.

싱가포르교육부가 요구하고 있는 21세기 핵심역량을 압축하면 〈표 6-2〉와 같다.

〈표 6-2〉 싱가포르 교육부의 21세기 역량

전략 단계	21세기 역량
21세기 싱가포르 시민상 · 학생상	① 확신에 찬 자신감 있는 사람 ② 자기주도적 학습자 ③ 적극적 기여자 ④ 책임 있는 싱가포르 시민
21세기 역량	① 시민성 문해 · 글로벌 의식 · 다문화 이해 기능 ② 비판적 · 창의적 사고 ③ 정보 · 의사소통
사회정서적 역량	① 자아의식 ② 자기관리 ③ 사회적 의식 ④ 관계성 관리 ⑤ 책임 있는 의사결정
핵심가치	① 존중 ② 책임 ③ 정직성실 ④ 배려 ⑤ 탄력성 ⑥ 조화

3. 기타 다른 기관에서 제시하고 있는 21세기 기능

여러 단체, 기관에서 21세기에 필요한 기능과 자료를 제공하고 있다. 'Expert 21'(http://teacher.scholastic.com/products/expert21/ index.htm)은 ① 대학, 직장, 생활 기능, ② 정보와 미디어 문해, ③ ICT 문해, ④ 창의 성과 혁신성, ⑤ 의사소통과 협력성, ⑥ 비판적 사고력과 문제해결력 등 의 여섯 가지 제시하고 각 기능에 필요한 구체적인 요소를 종합적인 [그림 6-6]으로 제시하고 있다.

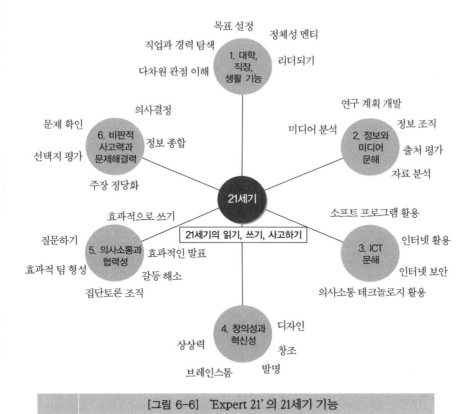

[그림 6-6] 'Expert 21'의 21세기 기능

그리고 여기서는 21세기의 학습으로 ① 비판적 사고력과 판단력, ② 복잡, 다기, 개방적 문제의 해결력, ③ 창의적, 기업가적 사고력, ④ 의사소통 기능과 협력성, ⑤ 지식, 정보, 기회의 혁신적 활용, ⑥ 재정, 건강, 시민적 책임 수행을 들고 있는데, 앞에서 다루었던 21세기 기능연구회에서 제시한 기능과 용어가 조금 다르고, 두 개념을 합쳤느냐 분리시켰느냐, 상위 개념으로 다루었느냐 아니면 하위 개념으로 다루었느냐의 차이일 뿐이지 비슷하다는 것을 알 수 있다. 결과적으로 21세기에 학습해야 할 것은 비슷하다고 할 수 있다.

'Expert 21'의 21세기의 학습

학생의 시장경쟁력, 채용력, 시민 준비성 향상을 위하여 어떤 새로운 기능과 전략이 필요할 것인가?

1. 비판적 사고력과 판단력
2. 복잡, 다기, 개방적 문제의 해결력
3. 창의적, 기업가적 사고력
4. 의사소통 기능과 협력성
5. 지식, 정보, 기회의 혁신적 활용
6. 재정, 건강, 시민적 책임 수행

출처: Scholastic Expert 21.

미국 노동부 필수기능성취위원회(Secretary's Commission on Achieving Necessary Skills; SCANS)에서는 직장(workplace)에서 필요한 기능을 중심으로 세 부분의 기초(foundations)와 직장에서의 다섯 역량을 1991년과 1992년에 제시하고 2008년에도 계속 이어 가고 있는 것을 볼 수 있었다.

세 부분의 기초는 ① 기초 기능, ② 사고 기능, ③ 인성 기능이다. 어떻게 보면 꼭 21세기만을 염두에 두고 제시한 것은 아니지만, 단지 직장에 국한된 것이 아닌 인간으로서의 기초이므로 참고가 된다. ① 기초 기능으로는 독서, 쓰기(작문), 산술/수학, 듣기, 말하기를, ② 인성 기능으로는 책임, 자아존중, 사회성, 자기관리, 성실/정직을, ③ 사고력으로는 창의적 사고, 의사결정, 문제해결, 심안적 사고, 학습방법 알기, 이성적 사고를 SCANS 기능이라고 제시하고 있다(Secretary's Commission on Achieving Necessary Skills, 1992, August 8, 2008 from: http://wdr.doleta.gov/SCANS/).

그리고 다섯 역량(five competencies)으로는 ① 자원, ② 인간관계, ③ 정보, ④ 체제, ⑤ 기술공학을 들고 있다. ① 자원 역량은 시간, 돈, 물질과 시설, 인적 자원으로 나누었는데, 이들 자원을 찾아내고, 조직하고, 계획을 세우고, 배분하는 역량이다. ② 인간관계 역량은 팀 참여, 신기술 가르치기, 고객에 대한 봉사, 리더십 발휘, 협상과 타협, 다양한 사람과 일을 하는 등 다른 사람과 함께 일하는 역량이다. ③ 정보를 다루는 역량은 정보의 습득과 평가, 정보의 조직과 유지, 정보의 해석과 소통, 컴퓨터 활용과 정보 처리 역량이다. ④ 체제 역량은 복잡한 상호 관계성 이해인데, 체제 이해, 수행 과정 모니터링과 수정, 체제 개선과 설계의 역량이다. ⑤ 기술공학 역량은 기술공학 선택, 과업 수행을 위한 기술공학 적용하기, 기술공학 장비의 유지와 수선 역량을 말한다. 이를 요약하면 〈표 6-4〉와 같다.

Cisco Systems Inc.와 Intel Corporation, Microsoft Corp.의 후원을 받아 호주 멜버른대학교(the University of Melbourne)는 21세기 기능 교수평가 (Assessment & Teaching of 21st Century Skills: ATC21S) 모델을 2008년 1월에

〈표 6-4〉 미국 노동부 SCANS의 3 기초 기능과 5 직업 역량

3 기초 기능	5 직업 역량
1. 기초 기능 독서 쓰기(작문) 산술/수학 듣기 말하기	1. 자원 시간 돈 물질과 시설 인적 자원 2. 인간관계 팀 참여 신기술 가르치기 고객에 대한 봉사 리더십 발휘 협상과 타협 다양한 사람과 일하기
2. 사고 기능 창의적 사고 의사결정 문제해결 심안적 사고 학습방법 알기 이성적 사고	3. 정보 정보의 습득과 평가 정보의 조직과 유지 정보의 해석과 소통 컴퓨터 활용과 정보 처리
3. 인성 기능 책임 자아존중 사회성 자기관리 성실/정직	4.체제 체제 이해 수행 과정 모니터와 수정 체제 개선과 설계 5. 기술공학 기술공학의 선택 과업 수행을 위한 기술공학 적용 기술공학 장비의 유지와 수선

출처: http://wdr.doleta.gov/SCANS/

개발하였다(http://www.atc21s.org/about.html). 여기서는 4개의 범주에 10개 기능을 다음과 같이 제시하고 있다.

1. 사고 방식(ways of thinking)
   ① 창의성과 혁신성(creativity and innovation)
   ② 비판적 사고, 문제해결력, 의사결정력(critical thinking, problem solving, decision making)
   ③ 학습방법의 학습과 메타인지력(learning to learn, metacognition)
2. 직무(일하는) 방식(ways of working)
   ④ 의사소통(communication)
   ⑤ 협력(collaboration, teamwork)
3. 직무(일하는) 수단(tools for working)
   ⑥ 정보 문해(information literacy, 정보 출처, 증거, 편견 등에 관한 연구 포함)
   ⑦ ICT 문해
4. 생활(삶의) 방식(living in the world)
   ⑧ 시민성(citizenship-local and global)
   ⑨ 삶과 경력(life and career)
   ⑩ 개인적 사회적 책임(personal & social responsibility, 문화 의식과 문화 역량 포함)

국제연합교육과학문화기구(UNESCO)는 넬슨 만델라(Nelson Mandela)의 "교육은 세계를 변화시키기 위해서 우리가 사용할 수 있는 가장 강력한 무기다(Education is the most powerful weapon you can use to change the world)."라는 말을 인용하면서 UNESCO의 지속가능개발을 위한 교육(Education for Sustainable Development: ESD)에서 ① (지식을) 알기 위한 학습(learning to know), ② 생존(살기)을 위한 학습(learning to be), ③ 공생(함께 살기)을 위한 학습(learning to live together), ④ 행동(무엇을 하기)을 위한 학습(learning to do), ⑤ 자신과 사회를 바꾸기 위한 학습(learning to transform oneself and society)을 제시하고 있는데(http://www. unesco.org), 이는 무엇을 위해서 교육하고 학습하고 또 학교에 가는 지에 대한 근본적인 질문에 대한 답을 찾는 데 도움이 될 것이다. 학습의 목적이 삶과 삶의 목적과 잘 연결되는 것이다.

경제협력개발기구(OECD)의 DeSeCo(The Definition and Selection of key Competencies)는 국제학업성취도평가(Programme for International Student Assessment: PISA)를 위하여 핵심(key) 역량을 확인하였다. 성공적인 삶(a successful life)과 기능적인 사회(a well-functioning society)를 만들기 위하여 ① 환경과 효과적으로 광범하게 상호작용하기 위한 수단으로서의 개인적 필요(상호작용 수단 활용, 예: 언어, 기술공학) 영역, ② 점점 더 상호 의존적인 세계에서 다른 사람과 상호작용할 수 있는 개인적 필요(다양한 집단과의 상호작용) 영역, ③ 자신의 삶을 관리하고 광범한 사회적 상황에 맞게 자율적으로 행동하도록 책임을 다하는 개인적 필요(자율 행동) 영역 등의 세 가지 영역으로 나누어 이에 필요한 역량(competencies)을 제시하였다(www.oecd. org/edu/statistics/deseco).

1. 상호작용적 수단 활용 영역

　① 상호작용적 언어, 상징, 내용 활용 능력

　② 상호작용적 지식과 정보 활용 능력

　③ 상호작용적 기술공학 활용 능력

2. 다양한 집단과의 상호작용 영역

　① 다른 사람들과 좋은 관계 맺는 능력(공감, 효과적인 감성 관리)

　② 협동 능력

　③ 갈등 관리와 해소 능력

3. 자율 행동 영역

　① 큰 그림 내에서의 행동 능력

　② 생애 계획과 개인 프로젝트 형성과 실천 능력

　③ 권리와 이익, 한계, 욕구 주장 능력

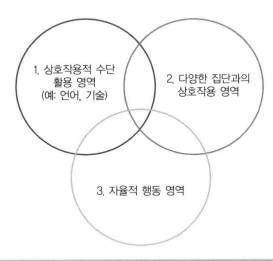

[그림 6-7] OECD DeSeCo의 21세기 역량

4. 21세기 핵심기능 종합

지금까지 ① 21세기 기능연구회, ② 싱가포르 교육부의 모델, ③ 'Expert 21'의 21세기 기능, ④ 미국 노동부 필수기능성취위원회(SCANS), ⑤ 호주 멜버른대학교의 21세기 기능교수평가(ATC21S), ⑥ UNESCO 지속가능 개발을 위한 교육(ESD), ⑦ OECD DeSeCo에서 제시한 21세기에 요구되는 핵심기능에 대하여 알아보았다. 이를 요약하여 하나의 표로 종합하면 〈표 6-5〉와 같다.

여러 기관과 조직에서 제시한 21세기가 요구하는 기능(skill)이나 역량(competency)을 종합하는 것은 쉽지 않다. 가치(value)에 해당하는 것도 있고, 넓은 개념과 상위 개념으로 제시한 것도 있고 반대로 좀 더 구체적이고 하위적인 개념으로 제시된 것이 섞여 있기도 하고, 비슷한 개념 두 개 세 개를 합쳐 놓은 곳이 있는가 하면 어떤 곳에서는 이들을 모두 갈라 놓은 곳도 있기 때문이다. 이 중에서 네 기관 이상에서 제시한 것으로는 ③ 시민성(공존), ⑥ 창의성과 혁신성, ⑦ 비판적 사고와 문제해결력, 의사결정력, ⑧ 의사소통과 협력성(관계성), ⑨ 융통(탄력)성과 적응력, ⑩ 주도성(자아의식, 자기관리), ⑪ 사회적(발전) 기능과 범문화적 기능, ⑫ 리더십(생산)과 책임(책무)성, ⑬ ICT, 매체, ⑱ 삶과 경력 등이 있다.

여러 곳에서 반복적으로 강조하고 또한 필자가 중요하다고 생각하는 것을 21세기 기능연구회의 것을 기준으로 하여 다시 한번 종합해 보면, ① 정직성실, ② 존중과 배려, ③ 책임과 책무, ④ 협력과 조화(사회성, 시민성)의 가치를 기초로 하여 ⑤ 삶과 생존(건강), 경력(직업), ⑥ 글로벌 다

〈표 6-5〉 21세기에 요구되는 핵심기능 종합

21세기 기능(역량)	21세기 기능연구	싱가포르 교육부	Expert 21	미국 노동부 SCANS	멜버른대학교 ATC21S	UNESCO ESD	OECD DeSeCo
(1) 글로벌	○	○					○
(2) 재정(금융), 경제, 사업(기업가)	○		○	○			
(3) 시민성(공존)	○		○		○	○	
(4) 건강(생존)	○					○	
(5) 문화 문해	○						
(6) 창의성과 혁신성	○	○	○	○	○		○
(7) 비판적 사고와 문제해결력, 의사결정	○	○	○	○	○		○
(8) 의사소통과 협력성(관계성)	○	○		○	○		○
(9) 융통(탄력)성과 적응력	○	○		○			○
(10) 주도성(자아의식, 자기관리)	○	○		○		○	○
(11) 사회적(발전) 기능과 다문화적 기능	○	○		○		○	○
(12) 리더십(생산)과 책임(책무)성	○	○		○	○		○
(13) ICT, 매체	○		○	○	○		
(14) 심인적 사고				○			
(15) 정직성실		○		○			
(16) 학습방법				○	○	○	
(17) 자원(환경)				○			
(18) 삶과 경력	○		○		○	○	○
(19) 존중(배려)	○	○					

문화 이해, ⑦ 경제 기업가 정신, ⑧ 창의 혁신성, ⑨ 비판 문제해결 의사결정력, ⑩ 의사소통 관계성, ⑪ 융통 탄력 적응력, ⑫ 주도성과 자아의식(존중), ⑬ ICT 매체, ⑭ 환경(생태) 자원, ⑮ 학습방법의 기능으로 압축된다.

07

21세기의 교육지원체제

제6장에서 제시한 21세기에 필요한 21세기 기능을 학생들로 하여금 학습하여 사용할 수 있게 하기 위해서는 역시 이를 산출해 낼 수 있는 혁신적인 교육지원체제가 갖추어져야 한다. 이 장에서는 혁신적인 21세기 교육지원체제를 ① 21세기 표준, ② 21세기 기능평가 체제, ③ 21세기 교육과정과 수업, ④ 21세기 교원양성과 전문적 능력 개발, ⑤ 21세기 자원지원체제 등의 다섯 가지로 나누어 설명하고자 한다.

21세기를 위한 교육지원체제

- 21세기 학습을 위한 종합적인 틀을 개발하기 위해서는 특정 기능이나 내용 지식, 전문성, 문해 영역을 밝히는 것으로 끝나서는 안 된다. 학생들로 하여금 21세기에 요구되는 다차원적 능력을 갖출 수 있도록 하기 위해서

는 혁신적인 지원체제를 마련해야 한다.

• 21세기 기능보장을 위한 다섯 가지 주요 지원체제:

① 21세기 표준(standards)

② 21세기 기능평가체제(assessment)

③ 21세기 교육과정과 수업(curriculum & instruction)

④ 21세기 교원양성과 전문적 능력 개발(professional development)

⑤ 21세기 자원지원체제(resources)

1. 21세기 표준

교육을 표준화한다는 것은 극히 어려운 일이고 또한 위험한 일이기도 하다. 그리고 표준화는 산업사회 공장식의 대표적인 가치이기도 하고 산업사회의 산물이기 때문에 21세기에서는 약화시켜야 하는 것이기도 하다. 그런데도 미국에서는 '공통학습기준(common core standards)'이라고 해서 교육 표준화를 강조하고 있는 실정이다. 그리고 이 표준을 상향시켜야 미국 교육의 질이 올라간다고 생각하는 사람들이 있다. 미국의 초·중·고등교육이 세계적으로 지나치게 뒤처져 있다는 위기의식에서 급한 처방으로 이런 방법을 쓰고 있다고 본다. 게다가 이 표준마저 없으면 지역 간, 학교 간 교육의 질 차이가 많이 벌어지고 교육의 질이 끝없이 추락할 것을 우려해서 나오는 조치이기도 하다. 그러나 표준화운동은 『Finnish Lessons』의 저자 Sahlberg나 『Creative Schools』의 저자 Robinson 같은 사람들은 21세기 교육의 '병균(GERM)'이라고 비꼬고 있는 실정이다.

표준이라는 것은 반드시 지키고 반드시 뛰어 넘어야 할 최저선이다. 그래서 21세기에 필요한 기능을 확보하기 위해서 꼭 필요한 최저선을 정해야 한다고 본다. 필자는 앞에서 언급했던 '바탕교육'에 해당하는 인격교육, 생명 생존교육, 3Rs를 비롯한 비판적 사고력과 문제해결력, 컴퓨터기술의 측면에서 21세기의 기능 지식 전문성을 위한 최저선 표준을 정하는 정도는 몰라도 지나치게 표준화를 강조하는 것은 옳지 않다고 본다. 표준화는 규격화와 획일화로 연결되기 쉽기 때문에 21세기 교육에는 맞지 않는다는 입장이다.

다음에서 설명하는 교육과정과도 연결되지만, 앞에서 언급한 범교과적 주제, 실제 삶의 현장과 연결되는 측면에서 최저선의 표준을 고려할 필요가 있다고 본다. 이 표준은 바로 다음에서 언급하는 평가와도 연결되는 것으로, 모든 학생이 표준을 뛰어넘었는지 확인하는 수준으로 해야 할 것이다.

2. 21세기 기능평가체제

우리나라 교육지원체제 중에서 제일 큰 문제 중의 하나는 평가체제라고 본다. 아무리 '창의성' 교육이 중요하다고 하더라도 '창의성'을 평가하지 않고 '암기력'만 평가한다면 학생들은 창의적인 생각 자체를 안 하게 되어 창의성을 신장하지 못한다. 삶과 일에 필요한 기능이 중요하다고 하면서 이러한 기능을 평가하지 않으면 학생들은 관심을 기울이지 않는다. 특히 우리나라와 같이 평가에 목을 매는 실정에서는 더욱 그렇다. 우리나라 대학수학능력시험의 영어 문제를 영미권 나라의 우수 학생에게 우리나라 학생과 똑같이 제한된 시간 내에 답하도록 제시했을 때 거의 0점에 가까운 점수를 받게 된다. 반대로 우리나라 학생에게 앞서 제시했던 OECD의 DeSeCo의 국제학업성취도평가의 세 영역인 ① 상호작용적 수단 활용 영역, ② 다양한 집단과의 상호작용 영역, ③ 자율 행동 영역을 중심으로 평가했을 때는 학생들이 어떻게 할지를 몰라 당황하게 된다. 서울대학교 교수들이 자기 과목 수강생을 많이 확보하기 위해서 학생들이 원하는 대로 자기가 한 강의 내용과 교과서를 그대로 받아 적는 학생에게 A+ 평가를 하게 되니 서울대학 A+ 학생의 비판적 사고력이나 문제해결력 창의력이 떨어져 외국 대학에 가서는 쩔쩔매게 되는 실정이다.

우리나라의 모든 평가, 즉 학교수업평가, 입학시험평가, 취직시험평가, 승진평가 등에서 21세기 기능을 평가할 수 있는 평가체제로 바뀌어야 우리나라에서 21세기 기능이 길러질 수 있을 것이다.

3. 21세기의 교육과정과 수업

21세기에 요구되는 기능을 산출해 내려면 이 기능을 길러 낼 수 있는 교육과정 내용과 경험을 하도록 하는 것은 너무나 당연한 사실이다. 지금까지 학교에서 가르치던 교과목 수를 줄여야 할 뿐만 아니라 서로 통합하고 연결시키려는 노력이 필요하다. 범교과적·범학문적 주제를 다루도록 하여 전통적인 교과 간 칸막이를 과감하게 허물어야 하고, 고등정신기능을 다루는 내용을 담아야 할 것이다.

교육과정뿐만 아니라 수업방법과 학습방법도 현장중심, 체험중심이고 기능중심으로 바뀌어야 한다. 탐구중심, 문제해결 중심, 비판적 사고와 비판적 실천, 반성적 사고와 반성적 실천 중심의 학습이 되도록 학습체제가 바뀌어야 한다. 그러려면 학교 울타리를 넘어 지역사회가 모두 교실이 되도록 학습현장이 확대되어야 한다.

21세기 기능을 위해서는 교육과정 체제와 교수-학습체제가 본질적인 것으로 변화해야 할 가장 중요한 지원체제가 된다.

4. 21세기 교원양성과 전문적 능력 개발 체제

아무리 교수(teaching)보다 학습이 중요하다고 해도 교육에서는 교수와 학습에서 교사 역할이 가장 중요하다. 학생으로 하여금 학습을 하도록 동기부여하는 데 교사의 역할이 크기 때문이다. 따라서 교육에서 가장 중요한 요소는 교사다. 21세기 기능을 산출하기 위해서는 교사가 21세기 기능이 무엇인지, 그리고 그 기능이 왜 중요한지를 먼저 알아야 하고, 이를 가르치고 학습하도록 할 수 있는 능력이 있어야 한다.

교사 양성과정에서 21세기 기능을 교육할 수 있는 교사교육을 해야 한다. 그러려면 먼저 교사양성기관의 교수들이 이런 교육을 할 수 있는 교수로 바뀌어야 한다. 교사의 교사에 해당하는 교육대학교나 사범대학교의 교직과정 교수가 먼저 21세기형으로 바뀌어야 한다. 그리고 교사양성기관의 교육과정이 먼저 21세기형 교사로 양성할 수 있는 과정으로 바뀌어야 한다. 역시 교사양성기관의 교수방법도 21세기 기능을 길러 낼 수 있는 방법으로 바뀌어야 한다.

이에 맞춰서 교사임용고사의 교사평가도 모두 21세기 기능 중심으로 일관되게 바뀌어야 한다. 지금은 모두가 따로 놀고 말로만 '창의성' '비판적 사고' '의사소통' '협력' 노래만 부르고 있는 형편이다.

교사양성체제 못지않게 중요한 것으로 최근에 강조되는 것이 교사의 '전문적 능력 개발(Professional Development: PD)이다. 공장식으로 길러진 기성 교사를 21세기 기능 교사로 바꾸기 위한 교사의 전문적 능력 개발과 동시에 새로 나온 교사도 계속 전문적 능력 개발 프로그램을 적용해야 한다. 교사가 21세기 기능과 도구, 전략을 수업에 적용할 수 있도록 계속 능력을 개발해야 한다. 특히 학생의 21세기 기능을 평가할 수 있는 평가 능력도 길러야 한다. 교사가 학생의 창의성이나 비판적 능력, 문제해결력을 평가할 줄 모르고 평가하지 않으면 학생이 이러한 기능을 길러 내기는 어렵고, 또 설사 학생이 그런 능력을 가지고 있어도 인정을 못 받고 무시당하는 현재와 같은 상황이 계속될 것이다.

교사의 전문적 능력을 지속 가능하게 하는 일이 중요하다. 그 한 방법이 전문적 학습 공동체를 형성하고 실천하는 일이다. 이 공동체는 교사들뿐만 아니라 교장, 학부모, 교직원, 심지어는 학생까지 포함하는 학습공동체의 개념도 생각할 수 있다. 이런 공동체는 면대면, 가상, 혼합(blended) 등 모든 다양한 방법이 동원될 수 있다.

5. 21세기 자원지원체제

우리가 원하는 21세기 기능을 산출해 내기 위해서는 이를 길러 낼 수 있는 교육 지원체제가 따라붙어 줘야 하는데 그중에서 중요한 것 중의 하나는 자원(resources)지원체제다. 교육자원은 여러 가지로 분류하여 생각할 수 있는데, 흔히 인력자원(man), 재정자원(money), 물자(material), 즉 교재·교구, 시설의 세 가지로 분류한 3Ms, 또는 여기에 관리(management)를 들어 4Ms로 분류한다.

이들 중에서도 교육은 사람이 사람을 길러 내는 인간봉사체제(human service delivery system)이기 때문에 인력자원(human resources)이 제일 중요하다고 할 수 있다. 인력자원 중에서 제일 중요한 교원에 대하여는 앞에서 별도로 다루었기 때문에 교원을 제외한 모든 행정지원 인력이 지원체제로서 중요하다. 교육부 장관을 비롯하여 교육감, 학교의 청소원에 이르기까지 모든 인력이 이에 해당한다. 우리나라의 이 인력들은 교육적 전문성이 없다는 것이 제일 큰 문제다. 장관이나 교육감은 정치인이나 일반인이기 이전에 먼저 교육자여야 하는데, 우리나라에서는 그런 감각조차 없는 사람들이 자리를 차지하고 있다는 것이 문제다. 임명직이든 선출직이든 교육할 수 있는 사람이 담당할 수 있는 체제가 확립되도록 해야 한다. 이제는 우리나라에서도 교육부나 교육청, 학교에서 일하는 행정 직원들도 고시나 시험으로 선발된 단순한 일반직이 아니라 일정 수준의 교육적 전문성과 역량을 갖춘 사람들이 학생 교육을 위하여 봉사할 수 있는 체제로 바뀌어야 한다. 심지어는 학교의 청소를 담당하는 지원인력이라도 학생들과 한 공간에서 생활하고 학생들 교육을 위해서 봉사하기 때문에 다른 기관이나 건물의 청소 인력과는 다른 교육적 소양을 갖추도록 배려해야 한다는 말이다.

교육재정 자원은 21세기의 질 높은 교육을 할 수 있도록 충분히 많을수록 좋겠으나 이에 못지않게 교육적으로 배정하고 사용할 수 있도록 하는 일이 중요하다고 본다. 특히 교육재정을 일반직이라는 사람들이 주로 다루다 보니 비교육적으로 낭비하는 일이 많다. 교육적 효과보다는 쓰기 쉬운 데 돈을 쓰다 보니 건물을 짓고 물건을 사는 것으로 돈이 몰리고 있다. 교육부나 교육청의 중앙부서에서 돈이 많이 소비되고, 학생과 교사가 만나 수업이 이루어지는 현장까지 돈이 미처 내려가지 못하는 현상이 벌어지고 있다. 교육부·교육청이 무슨 사업부서라도 되는지, 사업을 그렇게 많이 벌이고 있는지 모르겠다. 사업이나 할 줄 아는 사람들이 사업을 하고 있는지도 모를 일이다.

교재·교구 시설이 21세기 기술공학에 맞게 바뀌어야 하는 것은 너무나 당연하다. 겉은 번지르르하나 교육적인 정교함과 미적인 아름다움, 물리적인 견고성과 안전성이 떨어지는 경우가 많다. 여기에도 교육적 전문성이 요구된다. 온라인·오프라인 교육이 이루어질 수 있는 교육환경을 만들어 주는 알맞은 지원체제가 되어야 한다.

인적·재정적·물적 자원을 잘 관리할 수 있는 전문적 관리체제를 확립하고 계속 새롭게 업데이트하는 일이 중요하다. 21세기 기능은 결국 학급 수업을 통해서 이루어지기 때문에 항상 교실과 수업에 모든 관심이 집중되어야 한다. 장관과 교육감도 교실과 수업을 염두에 둔 정치와 정책을 펴야 하는 지원체제라는 점을 잊어서는 안 된다. 21세기 기능을 위한 학생과 수업을 중심에 놓고 보는 학습공동체 환경을 지원해 주어야 한다. 이제 우리 학부모와 국민도 이런 학습 문화와 따로 놀지 말고 21세기 기능 확보를 위한 공동체에 기꺼이 참여하도록 해야 한다.

08

21세기 한국교육을 위한 제안: 처방

"**한**"때 세계 1위 필름 회사였던 코닥은 필름을 사용하지 않는 디지털 물결 속에서 무너졌다. 1975년 세계 최초로 디지털 카메라 기술을 개발하고도 말이다. 디지털 카메라 시대를 연 회사가 디지털 카메라 때문에 망했다."(김남희, 2016) 왜 그랬을까? 핵심 고객을 잘못 정의했기 때문이다. 코닥의 핵심 고객을 디지털 사진을 찍을 개인이 아니라 필름을 현상하고 인화하는 사진 현상소로 잡았기 때문이다. 그때 코닥이 현상소가 아니라 카메라를 가지고 직접 사진을 찍는 개인을 핵심 고객으로 바꾸고 디지털 카메라를 개인에게 팔았더라면 더 많은 고객을 확보하고 디지털 시대를 주도했을 것이다. 지금 당장 현상소 고객의 항의가 무섭고, 또 그 고객을 놓치기 아까워하다가 결국 디지털 카메라를 제일 먼저 개발하고도 망하는 신세가 된 것이다. 그런데 애플은 코닥과 반대로 당시 자기들 매출의 절반 이상을 차지하던 음악 파일 플레이어 '아이팟'을 자신이 새로 개발한 '아이폰'으로 하여금 스스로 잡아먹게 하여 결국은 아이폰으로 성공하였다. 당장은 중요한 아이팟 고객을 잃더라도 아이폰 고객으로 만회할 수 있도록 과감하게 바꾼 것이다. 애플이 코닥처럼 아이팟 고객을 아까워하여 버리지 못하고 새로운 아이폰 고객을 확보하지 못하였더라면 아마 코닥과 같이 망하는 신세가 되었을 지도 모른다.

우리나라 대학들이 건물만 몇 동 지어 놓고 교수 몇 명만 데려다 놓으면 대학 입학 지원자들이 구름떼처럼 몰려들어 장사가 잘 되던 시절이 있었다. 거기에 안주하고 즐기다가 오늘날 어떤 현상이 벌어지고 있는가? '준칙주의'라는 이상한 이름을 붙여 무더기로 대학을 설립한 결과가 어떻게 나왔는가? 대학 지원자 전원이 대학을 가게 만든다던 교육부 관료들은 다 어디에 숨었는가? 필자는 1993년도에 대전 · 충남지역 총장들을 모시고 '대학의 생존전략'이라는 주제로 간단한 발표를 한 적이 있었는데, 그때 참석한 총장들은 무슨 생뚱맞은 '대학의 생존 이야기냐?'라는 반응이었다. 당시 총장과 대학 설립자들은 미래를 내다보지도 않았고 또한 내다보려고도 하지 않고, 비전이란 것도 없는 듯했다. 그리고 '내가' 총장을 하는 동안은 그런 걱정할 필요 없겠지.'하는 태도였다. 그때만 해도 대학 홍보라는 개념도 없었다. 대학도, 교수라는 직업도 없어지거나 줄어들게 되고 생존이 어려워지게 되는 것이 불 보듯 뻔한데도 말이다. 이제 대학들은 외국인 학생과 평생학습 어른 학생, 사이버대학 학생으로 고객을 약간 바꾸거나 확대하여 겨우 연명하려는 생존전략을 세우거나 수도권 가까이에 캠퍼스를 설치하여 기근을 면하려 하기도 한다. 기업들이 대학 출신에게 신뢰를 주지 않는데도 대학이 무감각해서는 위험한 시대가 온다. 심지어는 기업이 자기들에게 필요한 인력을 스스로 길러 내고 연수시켜서 써먹겠다고 나오게 되었다. 그런데도 대학은 안주하고만 있을 것인가? 초·중등학교 교사도 상아탑 대학에서 양성한 것으로는 현장 입맛에 맞지도 않고 질이 떨어져 각 지방 교육청과 학교에서 현장에 맞는 교사를 직접 길러서 써먹겠다는 나라들이 있다. 이런데도 대학은 엉뚱한 짓만 하고 있을 것인가?

우리나라 공립 초·중·고등학교도 고객인 학생들이 등을 돌린 지 오래다. 학원과 사교육으로 향하는 것이 그 징조였다. 우리나라의 암기교육, 표준화교육, 획일교육의 수명이 언제까지 얼마나 지탱될지 모르겠다. 우리나라에서 수재라고 했던 사람들이 외국 대학으로 유학을 가서 고생한 경우가 많다. 암기의 수재로는 외국 교육에 적응하기 어려웠기 때문이다. 암기가 아닌 것으로 학생을 평가하거나 암기 이외의 방법으로 학생이나 취업생을 선발하기 시작하면 우리나라에서 망하는 교육기관이 많을 것이다. 필자는 과거에 학교에 있었던 '특별활동'이란 것이 공립학교의 '보통활동'이 되어야 한다고 했었는데, 요즘은 '방과후활동'으로 보통활동화하고 있는 셈이다. 그리고 지금 우리나라의 '대안학교'라는 것이 정규 학교가 되고 공립학교가 대안학교처럼 다양화되어야 한다는 생각을 갖고 있다. 그러면 우리나라의 학원 고객과 공립학교 학생 고객도 많이 달라지게 될 것이다.

2016년 1월 다보스 포럼(Davos Forum)에서 인공지능과 로봇의 발달로 5년 뒤에는 일자리 510만 개가 없어질 것이라는 전망이 나왔는데, 블루칼라 직업보다는 화이트칼라 전문직인 의사, 증권사 애널리스트, 석유화학 공학자, 회계사, 세무사 등이 위험하고, 오히려 정원사, 가정부, 배관공 같은 직업이 덜 위험할 것이라고 한다. 아마 대학 교수보다는 유치원 교사가 덜 위험할 것이다. 온라인 대중 공개강좌(MOOC)가 활성화되고 일반화되면 대학과 대학교수는 급격하게 줄어들지 않을 수 없다는 전망이다. 그리고 이번 다보스 포럼에서 제4차 산업혁명 이야기가 많이 나왔다고 하는데, 우리나라에서 교육이 바뀌지 않으면 여기서도 뒤질 수밖에 없다. 우리가 1차 산업혁명(1784년 방직기, 증기기관), 2차 산업혁명(1870년 신시내티 도축장 콘베이어 벨트, 전기동력에 의한 대량생산체제)에서 뒤떨어져 고생하다가 3차 산업혁명(1969년 프로그램 가능 논리 제어 장치, 전자기술과 IT를 통한 자동화 진화)에서 조금 따라붙으려 했었는데, 또 다시 새로운 오늘날의 4차 산업혁명(유연하고 효율적인 사이버물리체계)에서 뒤처지면 큰일이다. 인공지능시대에서 살아남으려면 인공지능을 다루거나 이용하는 숫자는 적더라도 한층 더 높은 수준의 새로운 직업을 개발하여 차지해야 할 것이다. 그리고 인공지능의 기계가 하지 못하는 직업이 그래도 오래 버티게 되고 살아남을 것이다. 논리적이고 이성(理性)적 지성적인 차가운 머리를 쓰는 직업보다는 따뜻한 가슴의 감성(感性)적인 직업은 계속 필요할 것이다. IQ보다는 EQ를 더 그리워하게 될 것이다. 그래서 의사보다는 간호사, 대학 교수보다는 유치원 교사 직업이 쉽게 줄어들지는 않게 되리라는 전망이다. 그렇다면 감성적이고 사회성과 관계성이 강한 사람을 길러 내야 할 것 아닌가? 리더도 감성적인 리더가 필요할 것이다. 그렇다면 앞으로는 심리학자 Daniel Goleman의 감성지능(emotional intelligence: EI) 다섯 기본 요소인 자아의식(self-awareness), 자아규제(self-regulation), 동기(motivation), 공감(empathy), 사회적 기능(social skills)이 더 요구될 것으로 본다.

체스에서는 이미 IBM의 수퍼 컴퓨터 '디퍼 블루'가 1997체스월드 챔피언을 물리치고, 또 2011년 IBM의 '왓슨'이 미국 유명 퀴즈쇼에서 우승했다고 한다. 이제는 구글이 개발한 바둑 프로그램 알파고(AlphaGo)가 유럽 프로 기사를 꺾는 데 성공하고, 2016년 3월 9일부터 15일에는 100만 달러를 걸고 이세돌 9단과 세기의 바둑 대결을 하였는데, 대한민국 교육은 언제까지 객관식 시험문제와 암기식 시험문제만 풀고 있을 것인가? 어쨌든 늦었지만 지금이라도 빨리 그리고 철저하게 대한민국 교육은 바뀌어야 한다. 부분적으로 고쳐 쓸 생각을 버리고 완전히 새로운 교육체제로 바꿀 생각을 해야 한다. 새로운 교육체제로 일시에 바꾸는 것이 어렵고 위험부담이 따른다면 일단 기본 틀이라도 만들고 단계적으로 계획을 세워 빠른 시일 내에 혁신해 나가야 할 것이다. 원래 필자의 성향은 보수적이지만 현재 상황이 워낙 급하기 때문에 서둘러야 한다고 본다. 세계가 본받고자 하는 핀란드도 40여 년 전에는 다른 나라와 별다를 것이 없는 그렇고 그런 나라에 불과했는데 교육의 틀을 바꾼 결과 오늘날은 그 교육개혁의 열매를 따 먹으며 세계가 부러워하는 교육 최고의 국가가 되었다고 한다. 시커먼 연기가 피어오르는 공장식 굴뚝학교를 완전히 새로운 따뜻한 학교, 꿈의 학교로 바꿔야 한다. 공장을 부분적으로 고쳐 쓰려고 할 바에는 꿈을 생산하는 '꿈의 공장'으로라도 바꿔야 한다.

우리가 싸구려 대량교육이지만 높은 교육열을 가지고 늦게나마 이만큼 발전한 나라를 만들 수 있었는데, 이제는 시대에 뒤진 교육 때문에 다시 뒤처지는 나라가 될 위기에 처해 있다. 엉뚱한 곳에서 열심히 하라고 하기 때문에 불쌍한 어리고 젊은 귀한 학생들과 교육자들, 학부모들과 국민만 지치게 만들고 마침내 국가 전체가 흔들리게 되는 것이다. 교육이 먼저 21세기에 맞게 바뀌어야 한다.

이 장에서는 앞에서 부분적으로 나왔던 해결책을 요약하고 종합 정리하면서 21세기 한국교육이 바뀌어야 할 방향을 제시하고자 한다.

1. 줄이고 높여야 한다

필자인 나 자신도 욕심이 많아 너무 '많이' 가르치려고 하는 데 문제가 있다. 그래서 학기가 끝날 때에는 항상 계획대로 하지 못한 것이 너무 많아 후회하곤 한다. 양을 조금 줄이고 대신 깊고 높게 가르쳐야 하는데 그러지 못하는 것이 문제다. 가르치려고 하는 것을 '조금'으로 줄이고 대신 학생들이 신나서 '많이' 공부하고자 하게 만들지 못하는 것이 필자의 약점 중의 하나다. 이는 학생들을 믿지 못하는 실책에서 오는 문제이기도 하다. 마찬가지로, 한국교육도 가르치려고 하는 것을 과감하게 줄여야 한다. 아마 가르치는 것을 줄이고 아이들 놀게 하면 실력과 학력이 떨어진다고 야단날지 모른다. 그래도 줄여야 한다는 것이 필자의 판단이다.

우선 가르치는 '교과목 수'를 줄여야 한다. 지식을 이렇게 많은 과목으로 쪼개서 가르치는 나라가 현재도 세계에서 별로 없다고 본다. 더구나 앞으로의 세계는 통합과 융합 연결이 중요하기 때문에 우선 과목 수를 줄이고 가능한 한 과목 간 연결을 하는 주제 중심으로 공부하게 할 필요가 있다. 이렇게 지식을 많은 과목으로 갈라 놓고 칸막이를 많이 해 놓은 것은 어른들 입장과 편의성을 우선시하기 때문이다. 어른인 교사가 넓은 영역을 다 가르치기 어렵기 때문에 교과목을 좁게 많은 수로 갈라놓고 그

좁은 영역 안에서 어른들이 즐기고 있는지도 모른다. 특히 대학교수들이 자기 전공 영토를 확보하려고 하다 보니 우리나라에 교과목 수가 자꾸 늘어나는 점이 있을 것이다. 사실 학생들 입장에서는 여러 명의 교사가 많은 과목으로 나누어 가르치든 한 교사가 합쳐서 가르치든 자기들이 배울 것만 배우게 해 주면 된다. 사실, 학생들 편에서 생각해 보면 옛날 서당에서처럼 한 교사가 모든 것을 가르치면 더 좋을 것이다. 교과목의 통합이나 주제 중심의 학습의 문제는 교사 양성과도 연결되는 문제다. 교사 양성에서도 복수전공이나 다전공으로 한 교사가 담당할 수 있는 영역을 넓혀 주고 특수한 분야만 전문성을 높여서 담당하도록 하는 방안도 생각할 수 있다. 그래서 초등학교 교사와 비슷하게 넓게 가르치고 학생 개인을 보살펴 주는(care) 일반교사(general teacher)와 특수 영역을 전문으로 담당하고 깊이 가르치는 특수교사(special teacher)로 나누어 양성하고 담당하도록 하는 방안도 고려할 필요가 있다.

교육과정 안에 들어가는 '지식의 양'도 정선해서 줄여 줘야 한다. 학교에서 제공하는 지식과 정보의 양을 줄여도 학생들이 접근할 수 있는 지식과 정보의 양은 홍수를 이루고 있다. 지식정보시대에 학교와 교사가 학생에게 정보를 제공해 줄 수 있는 양과 비중을 어느 정도로 가정해야 할 것인가? 과거 농경사회나 산업사회에서는 학교와 교사, 교과서가 전적으로 정보와 지식을 제공해 준다고 생각했었는데도 불구하고 겨우 학생들이 얻는 정보의 40%를 제공해 줬다고 하는데(Beare & Slaughter, 1993, p. ix), 이제 정보가 개방되고 모두가 공유하는 지식정보사회에서는 학교와 교사가 학생들에게 제공해 줄 수 있는 정보의 양은 줄어들 수밖에 없다. 가정교육과 학교교육 중에서 학교교육의 비중을 줄여 잡아야 할 것이다.

지식의 양을 줄이는 대신 기본/기초 원리 등은 철저히 질 높게 깊이 배우도록 하고 대신 응용력을 높이고 넓혀 줘야 한다. 앞에서 언급한 것처럼, 사람 노릇하는 데 필요하고 삶과 일과 학문에 꼭 필요한 것부터 배울수 있게 해야 한다. 결국 고등학교를 졸업하고 일터로 가느냐 아니면 대학을 졸업하고 일터로 가느냐의 시간 문제이지, 일하는 데 도움이 되는 배움이어야 한다. 학문도 결국 학문적인 일이다. 국가는 고등학교를 졸업하고 모든 학생이 반드시 배워야 하는 일을 하는 데 필요한 부분까지는 세금으로 책임져 주고 나머지 더 이상 배우는 것은 개인에게 맡겨야 한다. 그리고 앞에서 다루었던 21세기 기능을 갖추도록 하는 데 중점을 둬야 한다. 21세기에 절실하게 필요한 비판력, 문제해결력, 의사소통 능력, 협력성, 창의력, ICT 컴퓨터 미디어 기능을 기르기에도 배워야 할 양이 너무 많을 수 있다.

학생들이 '공부하는 시간'의 양도 줄여 줘야 한다. 정규 교육과정 수업 시간을 긴장 속에서 채우고 또 방과후활동까지 학교에서 시켜 주고, 거기에다 또 밤 10시, 11시까지 학교에서 공부하게 하는 나라가 정상적인 나라라고 볼 수 있는가? 학교에서 그렇게 많이 공부시키고 또 학원이나 독서실, 가정에서 아이들을 책상 앞에 또 붙잡아 놓는 나라는 누가 봐도 미친 나라라고 할 것이다. 토요일, 일요일, 휴일, 명절도, 가정과 가족도 모두 빼앗아 버린 나라, 방학도 줬다 뺏는 나라, 그런 나라의 아이들이 행복하지 못하다고 느끼고 심지어는 자살까지 하게 하는 나라가 21세기 선진국이 된다는 것은 너무나 지나친 욕심이다. 아이들을 이렇게 만들어 놓고 뭐 어른들은 '저녁이 있는 삶'을 산다고? 옛날에 우리나라에서 '중학교

무시험제'를 실시하던 그 이상의 과감한 정책을 저질러 한국의 아이들을 입시지옥 · 공부지옥으로부터 구해 내야 한다. 아이들은 시험공부만 하기 위해서 이 세상에 태어난 것이 아니다. 놀기도 하고 각자 하고 싶은 것도 하라고 신이 아이들을 이 세상에 내보낸 것이다. 학생이 대학을 가지 않더라도 큰 손해를 안 보도록 만들어 줘야 한다.

교사도 교육공무원이라면 공무원 근무시간 내에 열심히 근무할 수 있도록 해 줘야 한다. 입시지도라는 명목으로 휴일도 없이 밤늦게까지 근무하도록 하는 것은 스스로 근무의 질을 떨어뜨리라는 신호가 되는 것이다. 교사도 학생에 대하여 무한 책임을 질 수는 없는 노릇이다. 원칙적으로 근무시간 이외에는 교사의 사적인 시간도 보장해 줘야 한다. 그러나 교사의 근무시간만큼은 철저하게 교육과 학생을 위해 봉사할 수 있어야 한다고 본다.

2. 학생-학습 중심 사고를 해야 한다

태양계(太陽系)가 태양을 중심으로 별들이 돈다면, 교육계(敎育系, educational system)의 중심은 학생이다. 교육계의 태양은 학생이라고 할 수 있다. 학생이 있기에 교육이란 말이 존재한다. 학생이 학습하는 것이 교육이고 학습하는 곳이 학교다. 그래서 태양계의 태양처럼 교육계는 학생과 학습이 중심이 되어야 한다. 학생 가까이에서 교사, 학부모, 교장과 직원이 돌고, 그 밖에서 교육감과 직원들 그리고 교육부 장관과 직원들, 대통령이 떠돌이별이 되어 돌고 있는 것이다. 실제로 교육감과 장관, 대통령은 몇 개월, 몇 년 동안 아이들과 멀리 떨어져서 떠돌다 사라지는 떠돌이별 신세다. 2005년 3월 어떤 떠돌이별 교육부총리는 '교육개혁안'을 발표하면서 세계 120권에 있는 미시간공과대학교, 아칸소대학교, 켄터키대학교, 오클라호마대학교, 워싱턴주립대학교 등 수준의 대학 15개를 자기 임기 중에 만든다고 헛소리하고 사라진 예가 있다(조선일보, 2005). 나는 그때 어떻게 한 나라의 교육부총리가 국민 앞에 저런 헛소리를 하는가 하고 생각했다. 교육과 학교를 모르는 사람들이 하는 헛소리다. 자기 임기 내에 구멍가게 15개도 만들지 못하고 사라진 떠돌이별이다.

교육은 학생이 배워야 소득이 있는 것이다. 그래서 교육은 '학생의 성취(achievement)'로 말하라는 것이다. 가수는 노래로 말을 하고, 미술가는 미술 작품으로 말하고, 축구선수는 골로 말을 하듯이, 교사와 학교, 교육은 학생이 무엇을 배워서 성취해 냈느냐로 말해야 한다. 어른은 자기 입장에서 가르칠 생각만 하지 말고 배우는 학생 입장에서 생각해야 한다. 기업체에서는 고객중심 경영으로 성공하는데, 왜 학교와 교육계에서는 학생(고객)중심으로 성공할 생각을 못하고 어른중심, 관료중심으로 실패만 하고 있는가?

산업사회에서의 교육은 가르치는 사람과 교수활동에 초점을 둔 방식이었다면, 21세기에서의 교육은 학습자 학생과 교육활동 중에서도 학습활동에 초점을 둬야 한다. 학생으로 하여금 배움에 배고파하고(hungry) 목마르게(thirsty) 하고, 배움을 사랑하고 배움에 열광적인 학습자(enthusiastic learner)(Robinson & Aronica, 2015)가 되게 하는 일이 중요하다. 축구 감독 히딩크는 항상 골에 배고프다고(hungry) 했고 스티브 잡스도

"Stay Hungry."라고 했다. 또 우리도 "미쳐야(狂) 미친다(及)."고 했다(不狂不及). 필자는 '배움을 사랑하는 사람들'이라는 제목으로 간단한 연설을 한 적이 있다(주삼환, 2000). 학생들이 먼저 사랑받고(to be loved) 있다는 것을 느껴야 배움도 사랑할(to love) 수 있다(Glasser, 1993, p. 19). 젊은이들이 스포츠나 연예 프로그램에 열광하듯이 배움에 열광하도록 만드는 일은 불가능할까? 무슨 일에 열광할 때 성공 확률은 높아진다. 나는 열광하는 지수를 열광지수(enthusiastic quotient: EQ)라고 하여 IQ 못지않게 중요하다고 하였다.

학생들이 배우는 일이 즐거워야(fun) 한다(Glasser, 1992, p. 19; Glasser, 1993). 논어의 '學而時習之 不亦說乎'에서 '학습(學習, learning)'이 중요하기 때문에 맨 처음에 나온다는 점에서 이 책에서 강조하는 바와 논어에서 강조하는 점이 같다는 것을 알 수 있다. 다음으로 학습이 '기쁘고 즐겁다'는 점을 강조하는 것이다. 배우고 알았을 때의 즐거움, 또 즐겁게 배워야 한다는 점이 중요한 것이다. 배움을 좋아하는 수준을 넘어 사랑하고 즐기는 수준이 되도록 해야 한다. 배움을 싫어하고 교사를 미워하게 만들어 놓고 학생들 보고 공부 잘하라고 하면 되겠는가? 학생들은 학교에서 배우는 일(工夫)을 하면서 자기 생(生)의 많은 시간을 보낸다. 때로는 학생들이 가정에서 보내는 시간보다 학교에서 보내는 시간이 더 많은 경우도 있다. 기숙학교는 일정 시간 동안 가정생활이 없는 100퍼센트 학교생활이다. 학교와 가정의 구분이 없는 생활이다. 그래서 어쨌든 학교는 학생에게 지구상에서 가장 안락하고 행복하고 즐겁고 안전한 곳이어야 한다. 불안 속에서는 즐겁게 배울 수도 없고 즐겁게 살 수도 없다. 그런 학교의 정문에 '폭력' '성' '학대' 등의 문구가 들어간 플래카드가 공공연하게 붙어 있는 것을 보면 '지옥'이 따로 없다는 생각을 하게 된다. 어른들이 아무렇지도 않게 '입시지옥'이란 말을 교육 용어로 쓸 때 필자는 전율을 느꼈는데, 이제 또 '학교폭력'이란 말을 공식 용어로 서슴없이 쓰는 것을 보면서 말세가 따로 없구나 하는 생각을 하게 된다. 공부를 잘하든 못하든 학생 한 사람 한 사람은 이 지구상에 하나밖에 없는 귀중한 존재다. 이 세상에 하나밖에 없기 때문에 영어의 'I'는 고유명사가 되어 항상 대문자로 쓴다. 하나하나의 아이(I)가 모여서 아이(I)들의 아이들(兒)이 되는 것 아닌가 하는 웃기는 생각도 해 본다. 학생은 각기 다르고 개인의 능력과 배우는 학습 방식도 모두 다르기 때문에 이제는 정말로 개성화(a highly personalized approach)해야 한다. 학생들 개인(individual)은 더 이상 나눌(divide) 수 없는 존재이기 때문에 개별화학습(individualized learning)하고 'personalized learning[저자 주-이는 individualized와 differentiated를 넘어선(beyond) 것이라고 하는데 뭐라 번역해야 마땅할지 정하지 못했다]하는 것 아닌가? 미국 교육부교육공학계획[the U.S. Department of Education's (USDOE) National Education Technology Plan, 2010]에 따르면, 'personalized learning'은 각각 다른 학습자의 학습요구에 맞추고, 각 학습자의 학습 선호와 구체적인 흥미와 관심에 맞추는 학습이라고 할 수 있다. 그래서 완전히 'personalized' 환경에서는 학습 방법과 속도는 물론이고 학습 목적과 내용도 모두 달라 'personalized' 학습은 수준별학습(differntiated instruction)과 개별화학습(individualized learning)을 포괄하는 학습이다.

프로젝트 기반 학습(project-based learning: PBL)도 21세기에 강조되는 학습방법이다. 이는 학습자들이 프로젝트를 계획하고 협력적으로 추진하는 학습자중심 학습이다. 이 프로젝트 기반 학습도 과거에 프로젝트 학습이라고 하여 강조되었던 것인데, 수면 아래로 가라앉았다가 다시 떠오른 것이다. 프로젝트 기반 학습이라고 하면 과거에 있었던 문제중심 학습(problem-based learning)으로 문제해결력을 기르기 위한 학습방법으로 21세기에도 계속 강조되어야 한다. '거꾸로 학습(flipped learning)' '거꾸로 교실(flipped classroom)'은 학생 학습을 강조하는 것으로 산업사회 교수를 강조하던 것을 뒤집은 21세기 학습방법으로 강조되고 있다.

학생집단인 학급을 가르치지 말고 학생 개인을 가르쳐야 배우는 학생도 즐거울 수 있다. 교육은 이런 생각에서부터 출발해야 한다. 기업에서까지도 '펀(Fun) 경영'을 들고 나오지 않는가? '펀(Fun) 학습'이 되도록 해야 한다. 어느 유치원 졸업식에 참석해 봤더니 어린 졸업생들을 앉혀 놓고 학부모들을 위한 졸업식을 하고 있었다. 졸업장이란 것은 대표 한 명에게만 주고 활동 장면을 담은 사진을 오랜 동안 컴퓨터로 보여 주는데, 스크린이 아이들이 볼 수 없는 반대편에 있어서 부모들만 보게 되어 있으니 주인공들의 졸업식은 즐거울 수가 없게 되어 있었다. 그래도 끝까지 인내심을 발휘하고 앉아 있는 아이들이 대견하기도 하고 불쌍하기도 했다. 어린이가 중심이 되지 못하는 이런 장면은 우리나라 어디에나 흔히 있는 일이다.

이렇게 학생 개개인에 초점을 맞추다 보면 '엉성한' 학교가 되어 초·중·고등학교의 학교급, 학년, 학급의 의미는 감소하거나 거의 없어지게 될 것이다. 초등학교, 중학교, 고등학교 간의 구분과 이동이 엄격하지 않고 자유로워야 한다. 학년의 개념이 줄어들어 꼭 1년마다 이동(진급)할 필요도 없어진다. 보통교육의 최소한의 윤곽을 정해 놓고 이곳을 통과하기만 하면 된다. 마침 학생 수도 줄어들고 학교를 통폐합해야 하는 현 상황에서 초·중·고등학교를 통합하기도 하여 다양한 형태의 학교가 되어도 좋을 것이다. 그리고 지금까지는 '학생(개인)'을 가르치는 것이 아니라 '학급(집단)'을 가르쳤는데, 학생 개인에 초점을 맞추게 되면 학급의 의미는 사라지거나 약화될 것이다. 수업하는 단위가 학급이고 그 수업 단위는 수시로 변하게 되는 것이다. 어떻게 보면 종전의 분명하지만 획일적인 체제에서, 이제는 분명 엉성하지만 탄력적인 학교체제로 변모해야 할 것이다. 즉, 우리가 이상적으로 생각하는 무학년제나 팀티칭 제도 등이 활성화되어야 한다.

학제도 어떤 사람은 유치원을 포함하여 4-4-4의 '엉성한' 학교체제를 생각하기도 한다. 4-4-4가 한 학교이면서도 다른 학교, '학교 내 학교(schools within school)'와 같은 것이다. 한 수준의 학교에 300~400명의 학생을 12~20명의 교사가 팀을 이루어 무학년제로 가르친다. 초·중·고등학교의 수준별 이동이 자유롭다. 빨리 가는 사람도 있고 좀 늦게 가는 사람도 있을 수 있다. 학교수준별 행정가, 경영자도 3수준이 하나의 행정팀을 이루어 공동으로 계획하고 실천하고 평가한다. 엉성한 한 학교의 개념이 작용하는 것이다. 실제로, 미국의 한 학교를 방문했더니 유치원과 초등학교 1학년에 담당 교장(principal) 1명, 2, 3학년 담당 교장 1명, 4, 5학년 담당 교장 1명, 그리고 총교장(head master) 1명으로 조직된 경우가 있었다. 대전의 한 국제학교도 초등학교 교장 1명, 중학교 교장 1명, 고등학교 교장 1명, 그리고 총교장 1명으로 되어 있는 학교도 있다. 학제를 건드린다면 엉성하더라도 고등학교 수준은 4년으로 하기를 제안한다. 직업을 준비하든 대학으로 가는 학문을 준비하든 3년보다는 4년을 준비해야 한다고 보기 때문이다. 그래서 미국처럼 유치원과 초등학교 5년, 중학교(초급 중등) 3년, 고등학교(고급 중등) 4년, 대학 4년을 생각해 볼 수 있다. 중학교 의무교육을 생각하면 '유치원+초등학교+중학교'까지 통합하는 방안도 생각할 수 있고, 고등학교 졸업 후 직업을 중시한다면 직업고등학교는 '중학교+고등학교'로 통합하는 형태를 고려할 수 있고, 좀 더 고급 기술을 강조한다면 '고등학교+전문대학'의 형태도 고려할 수 있을 것이다.

Banathy(1991)는 산업시대의 교수에의 초점과 21세기 학습에의 초점을 〈표 8-1〉과 같이 대비시키고 있다. 학습에의 초점은 학습자인 학생이 주인과 주연 배우로 활동하는 것이라고 압축하여 말할 수 있다.

교육에 참여하는 사람에 있어서 교사와 학생의 위치가 바뀌고 교수-학습 방법에 있어서 교수와 학습이 거꾸로 뒤집혀야 한다. 자기주도 학습, '거꾸로 학습' 등이 그 일부 예라고 할 수 있다. 교사보다 학생으로, 교수보다 학습으로 뒤집어야(flip) 바르게 되는 것이다.

〈표 8-1〉 교수초점과 학습초점의 비교

	교수에의 초점	학습에의 초점
목표	교육과정 목표-교사수행 안내	학습 산출 진술-학습자와 보조자 안내
과제	학급이 완성할 과제	학습자가 방향과 평가에 참여(과제 선정)
학년	학생의 나이, 시간, 코스, 성적에 의해 진급	선수 능력 습득이 출발점
정보원	교과서가 정보와 수업의 근원	다른 자원이 가능, 학습자 필요, 흥미, 학습 유형에 근거하여 선정
학습 상황	교과가 제시, 교사 정보 제공	여러 학습 상황-자기 주도 학습, 안내되는 학습, 팀 학습, 개인지도, 공학 활용
관계	교사는 배우, 학생은 관객	학생이 배우로 활동, 교사는 학습 환경 관리

학습 경험	양적·질적으로 학급 학생이 동일경험	다양한 학습경험, 시간의 양도 학습자에 따라 달라짐
학급	교사의 감독하에 학급 학생이 대부분의 시간을 같이 보냄	각 학습자의 구체적 학습과제 수행에 가장 알맞은 형태로 학습(실험실, 소집단, 대집단)
평가	교사에 의하여 평가	학습관리자의 주도 아래 자신과 집단에 의한 평가
동기	교사의 보사, 동기 유발	학습자 자신의 학습동기 유발
평가 시기	사전계획에 의한 성취도 평가	필요한 노력을 다했을 때 평가
학습 과정	A. 교사 → B. 교과 C. 학생	A. 교사 C. 학습 과제 A. 준비 B. 학습자

출처: Banathy(1991), pp. 99-101을 표로 작성.

3. 교사와 학교의 역할 변화가 요구된다

교사나 학교의 기능과 역할도 변해야 하고, 앞에서 말한 것처럼 학교에서 학생들이 학습하는 시간도 줄어들어야 한다. 정보를 수집·조직·활용하는 일은 학교 그 밖의 다른 장소에서도 많이 할 수 있기 때문이다. 지식정보사회는 장소와 공간을 뛰어넘는 시대다.

학생 가까이서 학생의 배움을 도와주고 영향을 많이 주는 사람이 교사다. 가까이 있는 사람이 중요한 것은 말할 것도 없다. 그래서 교육 성패의 열쇠를 쥐고 있는 사람이 바로 교사인 것이다. 이제 교사는 보조자, 안내자로서의 위치로 확실히 변해야 한다. 교사가 학생에게 정보를 제공해 줄 수 있는 양과 방법에는 한계가 있으므로 교사의 위치는 학습 보조자, 안내자 위치로 전환해야 한다. 정보 제공자의 위치에서 코치, 지원, 자문, 리더, 조직자, 공동 목표 설정자의 위치로 돌아가야 한다. 교사는 학습자에게 필요할 것으로 예상되는 정보를 최대한 많이 준비해 놓는 일에 많은 시간을 보내야 한다. 수업 시간보다 수업을 준비하는 시간과 노력이 더 많이 필요하게 된다. 수업 시간에는 개별 또는 팀별로 정보를 조직·저장·활용하는 방법을 도와주는 일에 그칠 수밖에 없다. 교사의 의식의 전환, 발상의 전환, 사고의 전환이 요구된다. 이것이 한층 더 높은 수준의 교수에 해당하는 것이다. 인간 바둑기사와 대결하는 인공지능의 알파고처럼 가르치는 교사 기계 로봇이 나오더라도 교사는 기계나 정보매체가 하지 못하는 인간적인 일을 더 많이 담당해야 한다. 옛날에도 교수기계(teaching machine)가 있었는데, 이제는 더 높은 수준의 정교한 인공지능의 기계가 나온다고 본다. 인공지능 교수기계를 가지고 학생은 웬만한 것은 혼자서 공부할 수 있다. 그러므로 교사는 기계가 하지 못하는 인간적 상호작용, 사회적 관계, 정의적·심체적 영역을 도와주는 일을 더 많이 해야 할 것이다. 특히 교사는 팀을 이루어 학생을 학습하도록 도와준다.

학생들이 팀으로 배우듯이 교사들도 팀으로 배우는 일을 도와줘야 한다. 그래서 협력성(collaboration) 협업이 4C 중의 하나로 중요하다고 했던 것이다. 한 교사가 할 수 없는 것을 교사팀이 해낼 수 있기 때문이다. 같은 'C'라는 두문자로 시작하지만 이제는 학생 간 교사 간 경쟁(competitive)이 아니라 협력(collaboration)으로 학생은 배우고 교사는 가르치는 협력의 문화(collaborative culture)를 학교에 형성해야 한다. 이는 다음에 나오는 학생평가, 교사평가, 학교평가와도 연결되는 것인데, 경쟁으로 이끄는 평가체제가 되지 않도록 하는 것이다.

　교사양성교육이 달라지고 수준이 높아져야 할 것은 말할 필요도 없다. 학교가 글을 가르치던 글방(서당)이고 교사가 글을 가르치러 학교에 출근하던 시대와 교과목 지식을 가르치기에 치중하던 시대는 지나갔다. 교육대학이나 사범대학은 교과 지식과 정보를 준비시키는 그 이상을 해야 한다. 예비교사도 교수학보다 배움학(한준상, 2009; 김성길, 2009)과 학습학을 먼저 공부하여 교사가 먼저 배우는 방법을 알고 실천해야 학생의 배움과 학습을 도와줄 수 있다. 그리고 교사양성기관의 교육과정과 교수방법도 시대에 맞게 바뀌는 신축성과 융통성이 요구된다. 그러면서도 의사를 양성해 내는 의대 수준으로 전문성을 확보할 수 있도록 해야 21세기 교육을 담당할 수 있는 것이다. 그런 의미에서 교사양성기관의 교수(professor)는 교사의 교사라는 사명감과 자부심을 가지고 연구하고 교수를 해야 한다. 교수 역시 배우는 교수라야 한다. 샘(#)의 모든 근원이 교사양성기관의 교수가 된다.

　교사로 임용된 후에도 계속적인 전문적 능력 개발(professional development)이 요구된다. 지금 전 세계가 교사의 능력 개발에 집중하고 있다. 이런 때에 우리나라에서 '철밥통'이란 말이 나오고 '철밥통' 때문에 교사가 되려고 한다는 것은 있을 수 없는 일이다. '철밥통'이 어떻게 인간 학생을 배우게 할 수 있겠는가? 아이들 앞에서 용어를 쓰더라도 골라서 써야 한다. 오늘날의 교사는 가르치는 교사가 아니라 연구하고 배우는 교사이기 때문에 교사의 연구 능력을 길러 줘야 한다. 핀란드의 교사양성과정은 대학원의 연구과정이다. 가르치는 기술을 가르치는 과정이 아니라 혼자서도 연구하여 학생이 배울 수 있도록 준비할 수 있는 능력을 기르는 과정이다. 교사는 주어진 것(givens)을 가르치는 것이 아니라 교사가 연구해서 만들어서(made) 학생으로 하여금 배우게 해야 한다. 교사의 수준이 단순히 주어진 것을 가르치던 수준에서 교육과정까지 개발하고 연구해서 독특한 개개 학생으로 하여금 배우게 하는 연구자의 수준으로 전문성이 격상되어야 한다.

전문직으로서의 교직 전문성을 확보하기 위해 노력해야 한다. 학습은 학생들만 하는 것이 아니다. 어른이 먼저 해야 한다. 특히 교사가 먼저 학습해야 한다. 교사는 과거와 달리 가르치는 시간보다 배우고 준비하는 데 훨씬 더 많은 시간을 보내야 한다. 그것이 '교사학습(teacher learning)'이고, 다른 말로 하면 '전문적 능력 계발(professional development: PD)'이고, 여기서 리더십을 발휘해야 하는 사람이 다음에 이어지는 교장이다(William, 2015). 교사의 전문적 능력개발에서도 교사가 스스로 배우고 스스로 리더십을 발휘하여 개발하기 때문에 교사 리더십이 강조되고 있다. 그래서 학생들이 잘 배우는 학교를 만들기 위한 학교개선(school improvement)은 훌륭한 교사를 채용하거나(hiring brighter teachers) 부족한 교사를 쫓아내는(firing bad ones) 것이 아니라 질 높은 전문학습체제(high-quality professional learning systems)에 투자하는 것이다(Wiliam, 2015). 필자가 학생과 교사, 학습과 교수를 뒤집듯이, 교사의 학습과 교사의 리더십, 교사의 능력개발을 강조하는 Evers와 Kneyber(2016)도 교사를 상위(上位)에 놓도록 교육체제를 뒤집으라고 'Flip the System'을 [그림 8-1]과 같이 주장하고 있는 것이다.

학교교육의 책임자는 교장이다. 학부모가 직접 교사에게 가르칠 권한을 준 것이 아니라 교장을 통해서 교사가 가르치도록 한 것이기 때문에

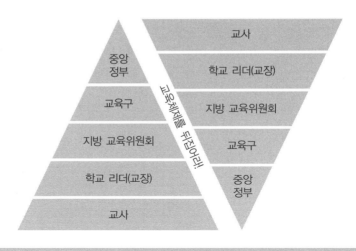

중앙
정부

교육구

지방 교육위원회

학교 리더(교장)

교사

교육체제를 뒤집어라

교사

학교 리더(교장)

지방 교육위원회

교육구

중앙
정부

[그림 8-1] 교육체제를 뒤집어라

출처: Evers & Kneyber(2016).

교사가 가르친 것에 대하여도 교장에게 책임을 묻는 것이다. 교장은 비전을 설정하고 비전을 달성할 수 있는 학교문화, 학습문화, 협력의 문화를 형성하여 모든 학생으로 하여금 성공하고 성취할 수 있도록 리더십을 발휘한다. 그래서 교장의 리더십이 학교교육의 질을 좌우한다고 보는 것이다. 운동 팀의 감독, 음악 연주단의 지휘자가 중요하다는 것은 우리 모두가 인정하면서 교장의 리더십의 중요성을 인정하지 않는 것 같은 우리의 현 상황은 아주 우려되는 일이다. 심지어는 교장을 타도의 대상으로 삼거나 적군 대하듯이 하기도 한다. 학생교육을 망치고 우리나라를 망칠 일이다. 교사와 교장은 학생과 학습을 위해서 같은 배를 타고 있는 것이다. 세계 여러 나라는 교장의 리더십과 전문성 향상을 위하여 노력을 집중하고 있다. 우리나라도 가르치는 교사를 연수시켜 교감과 교장으로 변신시키는 체제에서 부분적으로는 교장을 별도로 전문가 리더로 양성하는 체제를 고려할 필요가 있다고 본다. 가르치는 전문 교사와 행정과 리더십의 전문 교장직으로 각각 전문화하는 방안이다. 연수교육이 아니라 양성교육을 통하여 교사직으로부터 교장직을 분화시키는 것이다. Robinson과 Aronica(2015, p. 182)는 학습자(a learner)와 교육자(an educator)의 두 당사자(two essential figures) 외에 제3의 인물(a third figure)이 아주 중요(critical) 하다고 하면서 학습자가 배울 수 있고 또 배우기를 원하는 그런 교육환경에 대한 비전과 기능 그리고 예리한 이해력을 가져오도록 영감을 일으키는 학교 리더 교장을 들고 있다. 어쨌든 자질 높은 교장을 길러 내고 그런 교장으로 하여금 학교를 이끌어 나가도록 맡길 수 있도록 하여야 한다.

우연한 기회에 미국 하버드대학교 상급교육 리더십 자격과정(The Certificate in Advanced Education Leadership: CAEL; the ground-breaking Doctor of Education Leadership, Ed.L.D.에 바탕을 둔 것임)을 보았다. 12주짜리 네 기간으로 나눈 1년 프로그램으로 되어 있는데, 각 기별 주제를 보면 ① 학습 리드(Leading Learning, 2016. 2. 15.-5. 7.), ② 증거에 근거한 관리(Managing Evidence, 2016. 5. 8.-7. 30.), ③ 변화 이끌기(Driving Change, 2016. 9. 12.-12. 3.), ④ 우수성과 형평성 리드(Leading for Excellence and Equity, 2017. 1. 29.-4. 22.)였다. 여기서 우리는 교장을 포함한 현대 교육 리더들에게 무엇이 중요한지 알 수 있다. 첫째가 '학습(learning)'을 리드하는 것이다. 교장이나 교육감, 교육부장관이 학습을 모른다면 그 자리를 만들어 놓을 필요가 없는 것이다. 둘째가 증거에 근거하여 관리하고 정책과 행정을 하는 것이다. 셋째는 이 책에서 강조하는 변화를 이끌어 가야 하는 것을 강조하는 셈이다. 마지막은 질과 형평성을 추구하도록 리드한다고 할 수 있다. 우수한 질(excellence)에 대하여는 이 책에서도 강조한 셈이지만,

'형평성(equity)'에 대하여는 기본이라고 생각되어 많이 언급하지 못했다. 특히 미국에서는 가난한 지역의 학교와 부유한 지역 학교의 학생 간의 교육의 형평성의 문제가 있어서 형평성을 중시하고 있다. 영국의 케임브리지대학교(University of Cambridge)에서도 '학습을 위한 리더십(Leadership for Learning: LfL)' 네트워크를 만들어 '학습리더십'에 초점을 맞추고 있다. 학습 없는 교장이나 교육감의 리더십은 의미가 없는 것이다.

이제 학교의 위치와 역할도 변해야 한다. 학교는 정보매체가 할 수 없는 일에 더 중점을 두어야 할 것이다. 지금까지는 학교의 행정가나 교사들이 무엇을 어떻게 가르칠 것인가에만 주의를 기울였지만, 학교의 기능을 학습에 초점을 두게 되면 이제는 학생들이 어떻게 배우는가에 더 관심을 기울여야 할 것이다. 학교가 모든 교육을 전담할 수는 없다. 학교교육보다 중요한 것이 가정교육이고 또 사회교육이다. 우리나라에서 가정교육과 사회교육이 무너진 것을 학교가 다 떠맡을 수는 없다.

학교의 모든 정책과 결정, 행정은 학습 교수를 위한 것이고 이를 위한 지원체제라는 것을 잊어서는 안 된다. 학습을 제쳐 두고 누가 권한을 갖고 누가 결정을 하고 행정을 하느냐를 두고 싸우는 꼴을 많이 본다. 심지어는 학습을 제쳐 두고 이념 논쟁을 벌이기도 한다. 어른들은 부끄러워할 줄을 알아야 한다. "아이들이 지켜보고 있어요. 어른들이 하는 짓을……." 학습과 수업을 아는 사람이 중요한 결정을 하고 행정을 하고 지원을 해야 한다. 교육감과 교육부 장관도 근본적으로는 넓게 보아 교육자여야 한다. 일반인 교장, 일반인/정치인 교육감과 교육부 장관을 상상하는 자체가 잘못이다. 나는 초·중고등학교 교육의 수업과 학습, 학습자의 심리를 모르는 사람이 교육감 교육부장관 자리에 앉거나 그런 사람을 앉혀 놓는 것은 잘못된 일이라고 생각한다. 대학교수라고 초·중등교육의 수업과 학습, 학습자에 대하여 잘 안다고 할 수는 없다. 수업과 학습, 학습자를 아는 사람이 정책을 결정하고 행정을 해야 한다. 학습과 학습자에 대하여 아는 만큼 교육행정을 할 수 있다고 봐야 한다.

교육체제(또는 학교)를 ① 최고 의사결정(기관)(Governance, Policy) 수준, ② 행정(Administration) 수준, ③ 수업(교수)(teaching) 수준, ④ 학습·경험 (학습자 개인)(learning) 수준으로 나누어 볼 수 있다. 과거에는 높은 수준에 초점이 맞춰져 운영되었고, 학습·경험 수준도 하나의 학습 집단으로만 다루어졌었는데, 21세기의 학교교육에서는 학습수준에 초점이 맞춰져야 한다. 학급에 초점을 맞추지 말고 학습자에게 초점을 맞춘 학교가 되어야 한다. Maehr와 Midgley(1996, pp. 20-25)도 학생에게 초점을 맞춘 학교, 학습에 초점을 둔 학교를 미래에 대한 비전의 필수적 본질로 들고 있다. 학습에 초점을 맞췄을 때, 최고 의사결정 수준, 행정 수준, 수업(교수) 수준도 다음 〈표 8-2〉와 같이 변해야 한다. 학교와 관련된 일은 모두 학습으로 집중되어야 한다. 이러한 사고를 반영한 것이 〈표 8-2〉에 나타낸 학교체제다.

여기서는 ① 최고 의사결정(기관) 수준 → ② 행정 수준 → ③ 수업(교수) 수준 → ④ 학습·경험(학습자 개인)의 사고를 했으나, 이제는 아주 거꾸로 '학습 → 교수 → 행정 → 최고 의사결정' 순서로 바뀌어야 한다. 이제는 모든 활동과 사고 자체를 학습과 학생으로부터 출발해야 한다는 말이다. 대통령뿐만 아니라 장관, 교육감도 교육을 생각할 때 처음부터 학생과 학습으로부터 출발하여 정책도 세우고 행정도 하라는 이야기다.

영국에서도 필자와 같은 생각을 하는 사람들이 있는 것 같다. Evers와

〈표 8-2〉 학습에 초점을 맞춘 체제

	최고 의사결정 (기관) 수준	행정 수준	수업(교수) 수준	학습·경험 (학습자 개인) 수준
목적	학습·경험 수준의 지원을 위한 자원의 이용 가능성 촉진	학습을 촉진하는 자원 요구와 자원 활용에 적절한 정보 형성	학습을 촉진하는 자원과 배치의 제공	학습과제 완성, 유능하게 되는 것
실제	교수-학습 체제에 대한 사회적 기대와 요구	교수-학습 자원, 교육시설	학습자 필요와 목적	바라는 학습 산출에 관한 정보
의사결정자	교육정책 결정자와 여러 사회기관 자원체제의 대표	제정과 학습 자원의 확보와 자원 관리를 위한 관리자와 행정가	학습자원 관리자와 자원체제 공자	학습자와 학습자원 관리자
투입	사회의 교육적 필요와 가치, 교수-학습 체제에 대한 요구: 제정 자원과 제약	최고 이사결정 수준과 기관 학습자 수준의 산출	행정 수준의 산출: 학습자의 절차, 학습자 요구에 대한 정보	수업 수준의 산출, 학습자 요구와 목적, 교수-학습 자원 활동을 위한 구체적 계획
산출	일반 교육목표, 교수-학습 체제에 이용 가능한 자원 배분	여러 사회체제의 참여와, 사회와 교육적 자원과 전반적 교육 요구의 활동을 구체하는 정책	교육과정의 틀에 대한 정보: 교수-학습 자원의 배치, 조직된 설계와 이용 가능한 자원	완성된 학습과제, 개인적·사회적으로 유능한 사람이 되기 위한 진전

출처: Banathy(1991), pp.93-95를 표로 작성.

Kneyber(2016)는 관료적 생각으로 교육부장관을 맨위에 올려놓고 학교와 교사를 맨 밑에다 놓고 책무성을 평가나 한다고 하던 그림을 뒤집어(flip) 필자와 같이 학생과 교사를 맨 위에 올려놓고 장관과 교육감을 밑변 양쪽에 놓는 그림을 그리고 있다(그림 8-2) 참조).

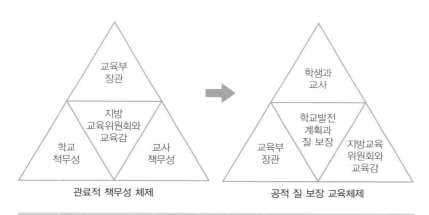

[그림 8-2] 교육체제를 뒤집어라

출처: Evers & Kneyber(2016).

4. 21세기 기능-평가 연결체제가 되어야 한다

우리나라 평가체제가 바뀌지 않으면 21세기에 필요한 기능과 역량도 길러 내기 어렵다. 암기력을 요구하는 평가문제를 초·중·고등학교, 대학수학능력시험, 취직시험, 공무원 시험에서 출제하게 되면 그것에 대비하는 교육만 하게 되기 때문이다. 비판력이나 의사소통 능력, 협력성, 창의성이 21세기에 더 많이 강조된다면, 이것이 필요한 평가문제를 제시하면 좀 더 이 능력을 기르기 위해서 노력할 것으로 기대하는 것이다. 평가와 관련하여 강조하고자 하는 두 가지는 다음과 같다.

첫째, 평가를 하려면 21세기에 필요한 기능을 어느 정도 확보했는가를 평가해야 한다. '21세기 기능 – 평가'로 기능과 평가가 연결되고 '학습 – 기능'이 일관성 있게 연결되어야 한다. 지금은 말로는 창의성이 필요하다고 하면서 평가는 기억력과 암기력을 평가하고 있는 것이다. 우리나라에서 비판력이나 창의성을 평가할 수 있는 평가기법이 발달하지 못한 측면도 있을 것이다.

둘째, 평가를 줄이기를 권고한다. 지금 우리나라 상황은 학습한 것을 확인하기 위하여 평가를 하는 것이 아니라 거꾸로 평가를 위해서 가르치는 형국으로 뒤집혔다고 보기 때문이다. 다시 말하면, 평가를 위한 공부를 하는 것이다.

학습은 보이지 않고 평가만 판을 치고 있다. 유치원, 초등학교 1학년부터 공부, 공부, 외우기, 외우기가 지겨워 외국으로 떠나는 불행한 대한민국 국민도 있다(조선일보, 2016). EBS 교재에서 대학입시 수능 70 퍼센트 이상을 출제한다고 하니까 영어 지문의 긴 문장을 외웠다가 실제 수능에서 문제가 나오면 영어 지문은 읽어 보지도 않고 정답만 찾아 찍어서 합격한다는 것이다. 같은 수능문제를 영미권 학생 12명에게 제시했더니 정해진 시간에 지문조차도 제대로 읽어 내지 못했다고 한다. 이렇게 해서 대학에 간 학생이 무슨 수학능력이 있어서 연구를 해낼 수 있겠는가? 그런데 어떤 나라에서는 중학교 때까지는 아예 정식 시험다운 시험 자체가 없는 나라도 있다(예: 핀란드, 캐나다의 빅토리아 주 등).

우리나라의 평가가 아이들의 호기심이나 탐구력, 비판력, 창의력을 궁극적으로는 학습을 망치고 있는 것이다. 시험으로 인한 어린아이들의 스트레스를 상상이라도 해 보았는가? 스트레스 속에서 자란 아이들에게서 인성이나 인간성을 바랄 수 있겠는가? 심지어는 시험 없는 나라에서 살고 싶다고 자살까지 하는 학생들이 있는데 어른들은 이를 외면하고 자기들만 스트레스 안 받겠다고 하고 말 것인가?

학습평가 이외에도 교사평가, 학교평가, 대학평가, 사업평가 등 각종 평가로 국가 전체가 몸살을 앓고 있다. 나는 이를 '평가망국병'이라고 하였다.

평가를 줄이고 필요한 기능이 어느 정도 길러졌는가를 확인하는 정도의 최소한의 평가로 바뀌어야 한다.

5. 학습환경이 바뀌어야 한다

우리나라 사회 · 문화 · 학습 환경이 함께 변해야 한다. 우리 사회와 학부모가 모두 서울대학생만 원한다면 서울대 하나만 있으면 될 것이다. 어떤 정권 시절에는 실지로 그 하나 있는 서울대학교 마저 없애 버리고 대학도 평준화시키자는 주장을 하는 고위층이라는 사람도 있었다. 그런데 우리 사회는 그럴 수도 없고 또 그래서도 안 된다. 다양성이 요구되고 '다름'이 인정되고 존중되는 사회가 되어야 한다. 우리 사회와 국민, 학부모가 멀리 내다보고 학생들에게 필요한 좋은 학습환경을 만들어 주기 위해 노력해야 한다. 학부모의 무리한 요구에 교육정책과 교육자들이 같이 춤을 추어서는 안 된다. 교육 전문가라면 전문성에 맞지 않는 춤은 출 수 없다고 거부할 수 있어야 한다. 겉으로 보이는 다수에 입맛에 맞춰 주는 것이 민주주의는 아니라고 본다. 진정한 침묵하는 다수를 위하여 교육 전문성을 발휘하고, 무리한 요구를 하는 목청 높은 다수로 보이는 사람들을 전문성으로 설득할 수 있어야 한다.

6. 원칙으로 돌아가야 한다

교육에서는 특히 원칙이 중요하다. 그런데 우리는 너무 쉽게 원칙을 무시한다. 원칙도 없이 떠들어 대기만 하기도 한다. 혼란스러울 때일수록 원칙으로 돌아가고 원칙을 생각해야 한다. 만일 원칙이 틀렸을 때는 먼저 원칙을 바꿔 놓고 그 원칙을 가지고 떠들어야 한다. 그런데 이론이나 가설들은 바뀌어도 원칙이나 원리는 잘 바뀌지 않는 것들이다. 그래서 원칙은 지켜져야 한다. 어떻게 보면 원칙으로 돌아가자는 말은 요즘 말하는 '비정상의 정상화'와도 통하는 말이다.

이 책에서 우리는 21세기란 말을 많이 썼지만 우리는 21세기만 살고 말 사람들이 아니다. 21세기마저도 이미 15% 이상을 다 먹어 버린 이 시점에서는 22세기를 준비해야 한다는 말도 나오는 형편이다. 여기서 말한 21세기 기능이란 것도 멀리 보면 '기초'에 해당하는 것들이었다. 그렇게 보면 21세기 기능을 강조하는 것도 "기초로 돌아가자(back to basics)."라는 말과 통하고 "원칙으로 돌아가자."는 말과도 같다. 사람을 가르쳐 사람답게 살도록 삶과 생존, 생명, 일에 직결되는 것부터 배우게 해야 한다. 사람답게 사는 윤리도덕, 문화를 먼저 배워야 한다. 우리나라 교육이 엉뚱한 곳에서 떠돌아다니고 귀중한 국력과 시간을 낭비하고 있었기 때문에 제자리로 돌아가자는 말을 다른 말로 표현했을 뿐이다.

학생과 학습이 중심이라는 원칙이 지켜져야 한다. 학생과 학습을 귀중하게 여겨야 한다. 학생과 학습의 가장 가까이 있는 교사와 교수(teaching)의 전문성은 인정되고 존중되어야 한다. 교사, 교장, 학부모, 교육감, 장관과 관료도 학습을 하는 학습사회가 되어야 한다. 그래야 학생과 학습을 위한 행정과 정책도 할 수 있는 것이다.

우리나라 초·중등교육은 지방교육자치를 하게 되어 있고, 대학은 대학자치를 하게 되어 있다(「헌법」 31조). 그리고 원칙적으로 사립학교도 정관 내에서 자율적으로 운영할 수 있어야 한다고 본다. 지방교육자치와 대학자치를 할 수 있도록 재정과 인력, 권한이 주어져야 한다. 이게 원칙이라면 이 원칙이 지켜져야 하고, 원칙이 아니라면 법을 바꿔야 할 것이다. 무늬만 자치를 하게 되면 혼란과 낭비만 가져오게 된다.

우리나라 학교나 교육은 농경사회나 산업사회까지는 그런대로 맞았을지 모르지만 지식정보사회나 문화창조사회나 윤리도덕사회, 21세기나 22세기에는 맞지 않기 때문에 실패하고 있다. 교육을 시대에 맞추려는 것도 큰 눈으로 보면 원칙에 맞추려는 노력으로 볼 수 있다. 아주 오래전에 3권 분립을 넘어 4권 분립이란 말이 있었다. 입법, 사법, 행정에 교육을 분립에 추가하여 4권 분립해야 교육을 제대로 할 수 있다는 생각에서 나온 것이다. 교육이 정치논리나 경제논리에 휘둘려서는 실패할 수밖에 없다. 5년짜리 임기의 대통령 떠돌이별 가지고는 우리의 태양인 아이들을 망칠 수밖에 없다. 제발 우리 아이들을 귀중하게 생각하여 지옥에서 구해내야 한다.

09

21세기 한국교육

교육 생각: 관련 교육칼럼

여기에는 앞에서 언급한 내용과 관련이 깊은 교육칼럼이나 강연 원고 몇 편을 옮겨 왔다. 조금 오래된 것도 있는데, 그만큼 일찍 그런 생각을 했다는 의미이기 때문에 그대로 가져왔다. 관심 있는 사람은 졸저 『많이 가르치고도 실패하는 한국교육』, 『우리의 교육, 몸으로 가르치자』, 『교육이 바로 서야 나라가 산다』, 『불가능의 성취』 등을 참고하면 좋을 것이다.

1. 삶과 앎

※ 출처: 주삼환(2005). 우리의 교육 몸으로 가르치자. 한국학술정보(주).

나는 막연히 '삶과 앎'이 한 글자가 아니었나 하고 추측하고
또 한 글자이기를 희망한다.

우연히 서점에서 『늘 깨어 있는 사람』(법정, 서역수 외, 1984)이란 책과
만나게 되었다. 책 목차나 내용도 살펴보지 않고 제목만 보고, 제목이 좋
아서 샀다. '깨어 있다'는 말이 좋아서 산 것이다. 깨어 있어야 행·불행
을 느끼고 삶의 의미를 느낄 수 있다. 졸린 상태나 잠자는 상태에서는 삶
을 느낄 수가 없다. 죽어 있는 상태나 다를 바가 없기 때문이다. 사람은
깨어서 말똥말똥한 상태로 살아야 한다. 졸면서 잠자는 데 시간을 많이
보내면서 장수하겠다는 전략과 생각은 재고해 봐야 한다. 이런 생각을 하
면서 이 책을 사 가지고 와서 책을 펴 보니, 우리나라의 고승·명승들의
이야기를 담아 놓은 것이었다. 그러니까 여기서 깨어 있다는 말은 '깨닫
는다'와 '깨우친다'는 뜻으로 쓰는 것 같다. 그러나 근본적으로는 이 두
가지 '깨어 있다'와 '깨우친다'는 같은 뜻으로 본다. 왜냐하면 잠에서 깨
는 것이나 무지나 몰랐던 것에서 깨는 것이나 다를 것이 없기 때문이다.
　이 책에 소개된 한 스님 이야기를 간단히 요약하고 느낀 점을 적어 나
가기로 한다. 여기에 소개하려는 스님은 경허 스님이다. 이 분은 어려서
전남 고흥에서 살았으나 가난하여 더는 그곳에서 살 수 없어 열한 살 때
어머니와 함께 나그네 봇짐을 지고 서울로 향했다. 가다가 날이 저물어

지금의 서울 근교 과천 앞에 있는 청계산의 청계사에서 머물게 되었다. 그때 마침 청계사에는 서울에서 선비 한 분이 내려와 주지스님에게서 공부를 하고 있었다. 스님이 선비에게 어떤 질문을 하는데 선비가 대답을 못하고 쩔쩔매고 있을 때마다 서당이라고는 가 보지도 못한 어린 소년이 척척 대신 답을 하는 것이 아닌가? 신통한 이 소년에 반한 스님은 절에서 심부름을 하면서 지낼 것을 권유하였고, 갈 곳도 없고 당장 먹고 살 길이 막막한 이 소년은 이를 받아들여 절에서 일하면서 공부도 하다가 마침내 삭발하고 스님이 되는 길로 들어서게 된다. 두뇌가 명석한데다 열심히 노력하여 31세에 지금의 대전 근교에 있는 동학사에 내려와 전국 승려교육을 하는 강원의 강사가 되어 명 설법을 하게 된다. 너무나 유명한 31세의 젊은 경허 스님의 말씀을 듣기 위하여 전국에서 사람들이 구름 떼처럼 몰려들었다고 한다.

그러던 어느 날 불현듯 청계사에서 자기를 가르쳐 주시던 은사님이 생각나 은사님을 찾아뵙기 위해 나그네 길을 떠나게 되었다. 청계사의 그 스님은 법복을 벗고 속세로 돌아왔다고 한다. 어쨌든 은사님을 만나 뵈러 나그네 길을 가다가 비를 만나 어느 동네에 이르러 잠자리를 구하려고 집집마다 찾아다녔으나 대낮인데도 모두 대문을 걸어 잠그고 인기척도 나지 않았다. 이상히 여기며 어느 집 대문 앞 추녀 밑에서 비를 피하고 서 있는데 반갑게도 안에서 인기척이 나더니 대문이 열리는 것이었다. 뒤돌아보니 몇 사람이 들것에 무엇을 메고 나오는 것이었다. 알아봤더니 전염병으로 앓아 죽은 시체란다. 장티푸스인지, 콜레라인지 잘 모르겠으나 당시로서는 도저히 손을 쓸 수 없는 전염병이 돌아 동네가 몰살하다시피 하여 모두 대문을 걸어 잠그고 문을 안 열어 주었던 것이다. 이미 비를 좀 맞아 떨리는데다 오한이 일고 떨리기 시작하였다. 재워 주는 집도 없고 하여 동네 고목나무 밑에서 사경을 헤매게 되었다.

이때 경허 스님이 느낀 것이다. 내가 이렇게 죽음 앞에 무력할 수가 있는가? 내가 동학사에서 강의와 설법을 할 때는 마치 생사를 초월한 사람처럼 마구 떠들어 댔는데 막상 죽음에 임박하여 이렇게 초라하게 떨고 있어야 하는가? 그러면 내가 지금까지 떠들어 댄 것은 모두가 죽어 있는 지식의 더미, '사구(死句)'가 아닌가? 남들이 한 말, 경전에 있는 좋은 말들을 주워 모아서 설법을 했고 또 그것을 듣고 많은 사람들이 좋다고 모여들었던 것이 아닌가?

밤새 삶과 죽음의 갈림길에서 오락가락 헤매다가 폭풍과 비바람은 사라지고 마침내 아침의 빠알간 해가 떠오르면서 차차 생의 길로 들어서 의식을 회복하기 시작하였다. 몸이 마치 비 맞은 다 헤진 헝겊처럼 천근만근 축 늘어졌다. 이제는 죽어 있는 지식의 찌꺼기를 주워 모을 것이 아니라 살아있는 말 '활구(活句)'를 찾아서 정진해야겠다고 결심하고는 은사님을 찾아뵙는 나그네 길을 계속하였다. 은사님을 뵙고 동학사에 돌아온 경허 스님은 그렇게도 아끼던 많은 책들을 불살라 버리고 정 버리기 어려운 귀중한 책은 꼭꼭 묶어서 선반 위에 얹어 놓고는 그 길로 토굴 속으로 들어가고는 밖에서 문을 봉하게 했다. 토굴에는 두 개의 작은 구멍이 있을 뿐이었다. 공양이 드나드는 구멍 하나와 배설하는 구멍 하나였다. 한시도 책을 안 보고는 견디지 못하던 그가 졸음과 잠과 싸우면서 2년인가 2년 반인가를 활구를 찾아서 정진하고 나서 마침내 오도송 시 한 수를 읊으며 봉했던 토굴 문을 박차고 나오게 된다.

나는 이 이야기를 읽으면서 '사구'와 '활구'라는 말에 정신이 번쩍 들었다. 나는 교육자 생활 26년 동안(책을 읽을 당시) 이 책 저 책을 뒤져 지식의 더미를 엮어서 '사구'를 내 입을 통해서 온갖 아름다운 소리로 다 토해냈다. 제자들 잘 되라고……. 지금 그것들은 다 어디 갔는지? 대부분 허공으로 다 사라진 것이 아닌가? 그중에 약간은 제자들 귀에 틀어박혀 대한민국 어느 구석에서 삶으로 나타나길 희망사항으로 기대할 뿐이다. 그리고 나 자신은 무엇인가? 내가 내 입으로 토해 낸 말들의 몇 분의 일만 이라도 내 몸소 삶으로, 실천에 옮겼더라면 나는 지금의 나보다 더 훌륭한 내가 되었을 것 아닌가? 입으로 가르치는 것 따로 있고 몸으로 살아가는 것 따로 있는 나의 교직자 생활을 언제까지 계속할 것인가? 내가 초등학교 교사였을 때 나 자신은 일기를 안 쓰면서 제자들에겐 일기 쓰는 게 좋다고 했던 내가 밉기까지 하다. 물론 내가 실천하지 못하는 것이라도 제자들을 위해서 가르치기는 해야 한다. 그러나 내가 할 수 있는 것을 가르치는 것이 더 확실하다. 이제부터는 입으로 하는 강의가 아니라 온 몸으로 하는 강의를 하기 위해 노력해야겠다.

교수인 내 자신이 그랬으니 학생들도 아는 것이 따로 있고, 살아가는 것 따로 있지 않겠는가? 학교에서는 시험용으로 배우고 사회에서 살아가기 위한 요령은 별도로 생활용으로 배우고 있으니 우리 교육과 우리 사회는 여전히 겉 바퀴 도는 것이 아닌가? 삶과 앎이 일치하는 교육을 하지 않으면 교육은 의미를 상실하거나 아니면 반으로 줄어들지 않을 수 없다. 비교적 옛 사람들은 살아가면서 배움을 터득했고 또 배운 대로 살아갔다. 한방이나 민간요법은 살아가면서 터득한 앎이고, 옛 사람들은 선생님이나 부모님들이 가르치는 대로 삶을 살아가려고 노력했다. 그래서 비교적 삶과 앎이 일치했다.

나는 막연히 '삶과 앎'이 한 글자가 아니었나 하고 추측하고 또 한글 자이기를 희망한다. '삶'은 '살암'이고 '살암'은 '사람'이 되고 사람이 사람답게 살아가는 것이 또 '삶'이 아니겠는가? '살'은 동(動)적이고 '암'은 정(靜)적인 느낌이다. 동과 정이 교차하면서 또 조화를 이루면서 사람은 살아간다. '동'만 있어도 안 되고 '정'만 있어도 좋은 삶이라고 할 수 없다.

삶과 앎이 일치하는 교육을 해야겠고 내 자신이 가르치는 대로 살아가 야겠다.

2. 중심을 어디에 둘 것인가

※ 출처: 주삼환(2005). 우리의 교육 몸으로 가르치자. 한국학술정보(주).

'중심을 어디에 두고 보느냐'에 따라 세상은 다르게 보이고
또 거꾸로도 보이는 것이다.

봄이 되면 많은 사람들은 아이들 손을 잡고 동물원으로 구경을 간다. 아이들은 재주부리는 동물을 보고 재미있어 한다. 그런데 동물원에 갇혀 있는 동물들은 반대로 사람 구경을 하게 된다. 겨우내 쓸쓸하게 울 안에 갇혀 있다가 봄이 되면 주위로 몰려드는 많은 사람들을 구경하게 된다. 사람들과 마찬가지로, 동물들의 입장에서 보면 가지각색 패션으로 차려 입은 사람들의 어우러지는 모습을 구경하게 되는 것이다. 착한 사람도 보고 나쁜 마음을 먹은 사람도 보고, 노인도 보고 아이도 만나게 된다. 즉,

사람을 중심으로 보면 동물 구경이 되지만 동물의 입장에서 보면 사람 구경이 된다. 이렇듯 '중심을 어디에 두고 보느냐'에 따라 세상은 다르게 보이고 또 거꾸로도 보이는 것이다.

우리는 1492년에 콜럼버스가 아메리카 대륙을 발견했다고 배웠다. 나는 초등학교 역사 시간에 배운 이 연도를 지금도 기억하고 있다. 여러 번 시험문제에 나와서 외웠을 것이다. 그런데 이 사실을 아메리칸 인디언들에게 물어보면 달라진다. 아니, 아메리카 대륙이 그해에 하늘에서 떨어졌나, 아니면 갑자기 바다 속에서 솟아나왔단 말인가? 발견은 무슨 발견이야? 우리가 조상 대대로 살아오고 있었던 대륙인데 침략해 들어온 것이지, 서양의 백인들을 중심으로 역사를 보면 발견이지만 오늘날 비참하게 된 인디언들을 중심으로 역사를 보면 침략의 역사로 보게 된다. 그런데 우리는 백인도 아니고 인디언도 아닌 황색인으로서 막연하게 백인문화에 의하여 백인을 중심으로 백인 역사를 가르쳤는지도 모른다. 지금 힘이 없는 인디언들의 입장에서는 억울하기 그지없는 노릇이고, 또 발견으로 보고 있는 세상 사람들을 저주하고 있을지도 모른다. 이제부터는 우리가 학생들을 가르칠 때 어떤 관점에서 가르치고 있는가를 분명히 알고 가르쳐야 할 것이다.

나는 아침에 집을 나설 때마다 하나의 완전한 원을 그리고 제자리인 집으로 돌아올 것을 다짐하고 또 기원한다. 간단한 산책을 나갈 때도 한 바퀴 돌아오면 작은 원을 그리게 되고, 때로는 며칠씩 나가서 강연을 하거나 출장을 다녀오게 되면 큰 원을 그리고 제자리인 가정으로 돌아오게 된다. 해외여행이라도 하게 되면 정말 큰 원을 그리며 활동하다 돌아오게 된다. 집을 떠날 때마다 나는 가정이 중심이라는 생각을 하게 된다. 때로는 기분 좋게 집으로 돌아오지만 어떤 때는 정말 지친 몸, 아픈 몸을 이끌고 집으로 돌아오게 될 때도 있다. 그런 때도 역시 가정은 쉼터와 휴식처가 되고, 그럴수록 더욱 가정이 나의 중심이라는 생각이 든다. 그래서 옛사람들이 가화만사성이라고 했는가 보다.

과거에는 내 본위로 가정을 이끌어 갔었는데 언제부터인가 가정을 중심에다 놓고 보려는 노력을 하게 되었다. 그 이유는 가정이란 내가 동그라미를 그리는 중심도 되지만 우리 가족들이 밖에서 활동하며 동그라미를 그리고 돌아오는 중심점도 되기 때문이다. 학교에서 시험에 시달리고 긴장과 스트레스에 지쳐서 집으로 돌아오면 이들을 따뜻하게 맞이해야 할 어머니가 중심을 잡고 있어야 한다.

그런데 최근에 아파트촌의 많은 젊은 어머니들이 집을 비운다는데 걱정이다. 어머니들도 밖에 나가서 원을 그리며 활동은 해야겠지만 가능한 한 자녀들이 학교에서 돌아올 시간만이라도 집에서 기다리다 자녀들을 맞아 주었으면 좋겠다. 하여간 가정은 모든 사회활동의 중심임에 틀림없다. 중심이 흔들리는 가정에 사는 사람이 밖에 나가서 마음 놓고 사회활동하기는 힘들 것이다.

영국의 낭만파 시인 바이런은 젊어서 바람둥이였다고 한다. 그래서 어느 날 유럽 여행을 떠나게 되었을 때 당시 사귀고 있던 애인은 몹시 불안했다. 바람둥이가 밖으로 여행을 나가니 바람피울 것이 뻔하기 때문이었다. 더구나 호화찬란한 파리의 거리로 나가면 유혹하는 거리의 여인도 많을 것이므로 애인은 바이런에게 편지를 쓰기로 결심을 했다. 그런데 시인에게 바람피우지 말라고 산문으로 따분하게 써 봐야 별 감동이나 설득을 끌어내지 못할 것 같았다. 그래서 서투르더라도 시로 자신의 뜻을 표현하기로 했다. 황금반지에 비유하여 〈순수한 사랑(pure love)〉을 노래했다. "황금빛과 같이 빛나는 사랑, 순금과 같이 불순물이 섞이지 않은 순수한 사랑, 황금과 같이 여리고 여린듯하면서도 끊어지지 않는 사랑, 끊어지지 않고 오히려 퍼지고 늘어나는 사랑, 원처럼 처음과 끝이 없는(구분 안 되는) 끝없는 사랑." 이렇게 금반지에 비유하여 노래하는 속에 제발 바람피우지 말라는 간절한 속뜻이 숨어 있었던 것이다. 어쨌든 황금반지는 이런 깊은 뜻이 숨어 있고 상징성이 높기 때문에 결혼기념품으로서는 다이아몬드나 백금보다도 더 비싼 가치를 지니는 것이다. 그런 것도 모르고 비싼 것만 찾는 젊은이들이 안타깝기만 하다.

여행 중에 〈순수한 사랑〉 노래의 편지를 받은 바이런은 애인을 안심시키기 위해서 답장을 쓴다. 제목은 〈컴퍼스식 사랑(compass love)〉이다. 바이런은 먼저 자신의 잘못, 바람둥이임을 시인하고 들어간다. 바이런은 자신을 컴퍼스의 연필에 비유한다. 그래 그렇다. 나는 밖으로 돈다(남자를 바깥사람이라고 하는 것처럼 바람피우는 사람이 밖에서 바람피우지 안에서 피우겠는가?). 그래 그렇다. 나는 기웃기웃거린다(마치 컴퍼스가 원을 그릴 때 기웃기웃하듯이 이 여자 저 여자 기웃거린다. 예쁜 여자가 눈에 띄면 한눈팔고 정신없이 따라가기도 한다). 그러나 내가 밖으로 돌고 기웃거린다고 해서 너마저(애인) 움직이면 어떻게 되겠는가? 그러니 내 걱정 말고 중심이나 꽉 잡아라. 그리고 보이지 않는 선을 가지고 당기고 있어라. 그러면 내가 유럽 여행을 떠나든 어디에 가 있든 나는 언제나 네 가슴에 닿아 있을 것이다(여자를 '안 사람'이라고 하여 컴퍼스의 중심에 비유한 것이다). 남자가 바람피우는 것은 말할 것도 없이 남자의 잘못이다. 그러나 한편으로 여자가 안에서 중심을 잘 잡았는지 반성해 볼 필요도 있다. 가정에서도 누군가

중심을 잘 잡는 사람이 있어야 한다.

중심(中心)이란 글자를 세로로 내려서 붙여 쓰면 '忠(충)'자가 된다. 충(忠)은 마음의 중심(中心)을 잡는 일이다. 마음의 중심(中心)을 잡으면 충성이 되는 것이다. 충은 국가에 대한 것만이 아니다. 개인에 대한 것도 있을 수 있고 조직이나 직장에 대한 충도 있을 수 있다. 무엇이나 '진정에서 마음에서 우러나는 정성'이 충성인 것이다.

세계 여러 나라는 다 자기 나라가 세계의 중심, 지구의 중심이라고 생각한다. 중국도 그렇고, 아메리카나 아프리카도 마찬가지다. 어느 나라나 세계지도를 그릴 때 자기 나라를 중앙에다 놓고 다른 나라를 펼쳐 놓게 한다. 미국에서는 미국이 중심에 오게 세계지도를 그린다.

사람들도 자신을 중심에 놓고 세상을 보게 마련이다. 결국은 개인차는 있겠지만 자기중심적이다. 착한 사람은 세상을 착하게 보고, 마음이 검은 사람은 세상을 모두 검게 본다.

교사들이 정년퇴임을 하면서 자기 앞으로 지나간 제자가 몇 천, 몇 만 명이라고 자랑한다. 이것은 정년퇴임하는 교사를 중심으로 하여 보았을 때 그렇다. 그런데 학생들을 중심에 놓고 보면 아이들 앞으로 교사들이 지나가는 것이다. 초등학교 1학년 때 가르친 교사도 지나갔고 6학년 때 교사도 지나가면서 뭔가 가르쳤다. 중학교 때 영어 교사도 고등학교 수학 교사도 뭔가 일 년 간 열심히 떠들며 지나갔다. 일 년 동안 뭔가 열심히 가르친 것 같은데 머릿속에 하나도 남아 있는 것이 없는 것 같은 교사도 있다. 때로는 교사의 이름도 생각이 안 나고 얼굴도 떠오르지 않는 사람도 있다. 모든 교사가 "공부 잘해라." "몸 튼튼해라." 하는 말은 하고 지나갔을 텐데 그런 교사는 별로 기억에 안 남는다. 한마디를 해도 뭔가 의미를 심어 주고 아이들 앞을 지나가는 교사가 되어야겠다. 교사도 자신의 앞으로 제자들이 지나가는 것만 생각하지 말고 제자들 앞으로 자신이 지나간다는 것도 생각해야 한다. 마치 심사위원들 앞으로 미인대회에 나온 미인들이 미소 지으며 지나가듯이, 아이들 앞으로 교사가 지나간다고 생각하면 심사위원인 제자들을 두려워하지 않을 수 없다. 제자와 후배를 두려워하라. 학생과 학습을 중심으로 삼아야 한다.

3. 우리의 교육, 몸으로 가르치자

※ 출처: 주삼환(2005). 우리의 교육 몸으로 가르치자. 한국학술정보(주).

교사는 말로만 학생을 가르치는 것이 아니라
모범적이고 정상적인 행동으로 학생을 가르치는 것이다.

그럴싸한 건의를 자주 잘하고, 또 비판을 잘하는 젊은 교수가 있었다. 그래서 그 제안에 대하여 평소에 나도 동감하고 있으니 책임을 맡겨 줄 테니 그것을 계획을 세워서 실천해 보라고 책임을 맡겼다. 몇 달이 지나고 몇 년이 지나가도 그 좋은 건의(제안)는 실천되지 못하고 있다. 처음에는 여러 번 확인도 해 보고 관심을 보였으나 한 학기가 지난 후부터는 아예 포기해 버린 상태다. 계획 없는 말, 심사숙고하지 못한 그럴싸해 보이는 건의나 제안도 막상 본인이 실천해 보려면 어려운 것이다. 그러나 그런 제안이나 건의도 받아주지 않으면 불평과 불만으로 비화되기 쉽다. 본인은 실천하지 못하면서 불평불만하기는 쉽다. 책임을 맡겨 줘도 실천하지 못한 그 교수는 더 이상 다른 것을 제안하지도 못하고 불평불만도 못하게 되었다. 말하기는 쉬워도 행동으로 실천하기는 어렵다.

그동안 교사는 입으로, 말로 먹고 살아왔다. 말 못하는 교사는 별로 보지 못했다. 말로는 그렇게 애들을 잘 가르치면서 교사는 왜 그렇게 성공하지도 못하고 또 그렇다고 존경받지도 못하는지 모르겠다. 그래서 그런지 경제학자나 경영학자이면서 자신은 돈을 벌지 못하고, 농업학자가 농사를 잘 짓지 못하고, 교육학자의 강의가 재미없고 또 교사가 자기 자식 교육은 잘못하는지도 모른다. 말로만, 이론적으로만 잘하고 실제는 그렇지 못해서 그런가 보다. 학자들은 이론가와 실천가가 서로 달라서 그럴 수 있을지 모르나 초·중등학교에서는 이론 따로 행동 따로가 가능할 수 없다. 이론과 실제, 말과 행동이 일치 되어야 하는 것이다.

교사가 하루 동안 쏟아 놓는 말이 얼마나 될까? 입을 열고 말하는 시간은 24시간 중에 몇 시간이나 될까? 단어 수, 어휘의 수는 얼마나 될까? 또한 나처럼 글까지 쓰는 사람은 또 얼마나 많은 글자와 단어, 어휘, 문장을 낭비하고 종이를 축내는 것일까? 그렇게 교사가 많이 쏟아 놓고 내뱉어 놓은 말과 글 중에서 학생, 독자의 마음속에 느낌과 기억, 새김과 의미를 심어 주고 지나가는 것은 과연 얼마나 되는 것일까? 내가 30년 동안 교사(수)를 하면서 쏟아 놓은 말과 글 중에 학생(독자)들에게 어떤 의미를 심어 주지 못했다면 그것은 결국 학생(독자)들에게 소음과 공해를 일으킨 것에 불과하다. 요즈음 말로 환경범죄를 일으킨 것이다. 학생들을 가르치자면 말을 안 할 수는 없겠지만, 가능한 한 말과 언어를 절제할 필요가 있다.

교육에서 듣는 것보다는 보는 것이 더 효과적이고 보는 것이 믿는 것이라는 말은 흔히 있는 말이다. 그렇다면 교사도 말을 절제하고 대신 학생들에게 보여 주는 교육을 해야 할 것이다.

수업시간에도 말로만 가르치는 것보다는 시각자료를 함께 사용하는 것이 더 효과적이고, 촉각자료까지 사용하는 것이 보다 더 효과적이라는 것은 교사라면 누구나 다 잘 알고 있는 사실이다. 간접경험보다 가능하다면 직접체험을 하면 더욱 좋다. 학생들에게 있어서 교사는 항상 가장 중요한 시각자료가 된다. 교사의 말 한 마디 한 마디, 복장, 얼굴 표정, 걸음걸이 하나하나가 모두 가장 중요한 배울 거리가 된다. 교사가 모범이 되어야 하기 때문에 사범이라 했고, 사범학교를 'Normal School' 이라고 했다. 규범을 지키는 모범이 되는 정상적이란 뜻을 내포하고 있다. 교사는 말로만 학생을 가르치는 것이 아니라 모범적이고 정상적인 행동으로 학생을 가르치는 것이다. 입으로 가르치는 것이 아니라 몸으로 가르치는 것이다. 모범이 되기 싫고, 제약받는 것이 싫고, 제멋대로 살고 싶다면 교직을 미리 포기할 수밖에 없다.

저녁식사 자리에서 한 선생님에게 술을 권했더니 차를 운전해야 하기 때문에 못 마시겠다고 사양하였다. 조금은 괜찮지 않느냐, 집에 가는 길에 음주운전 검사하는 데도 없지 않느냐 하면서 몇 사람이 한두 번 더 권유하는 소리가 들렸다. 술을 좋아하는 그였지만 완강히 술을 거부했다. 얼굴에 표가 나느냐 안 나느냐와, 중간에 검사하는 경찰이 있느냐 없느냐가 중요한 게 아니다. 문제는 대한민국에서 교사가 교통규칙을 지키지 않으면 그 누구보고 교통규칙을 지키라고 하고 또 우리나라에서 교통규칙이 지켜지기를 기대할 수 있겠느냐는 반문을 좌석을 같이하고 있는 사람들에게 하는 것이었다. 나는 그 자리에서 그 선생님에게 존경심을 표하지 않을 수 없었다. 이런 선생님이 있기 때문에 그래도 우리 사회는 지탱이 되고 또 한 가닥 희망이 남아 있는 것이다. 교사에게 대우해 주는 것은 없더라도 반대로 지킬 것은 많다. 교사의 자존심을 걸고 교사가 지킬 것은 지켜야 한다. 그래야 추락된 교사의 권위도 찾을 수 있고, 사회적 지위도 확보하는 데 도움이 되고 존경도 회복할 수 있다. 교사는 말로만 가르치는 것이 아니라 사회에 대하여 행동으로 보여 줘야 한다. 사회에 대하여도 교사는 말이나 글로 하기 보다는 행동으로 하는 것이 더 설득력이 있다.

다른 사람이야 뭐라고 말하든 나는 내 방식대로 살아간다는 원칙을 세우고 그렇게 살아갈 때 마음이 편하다. 좀 손해본다고 생각되더라도 원칙대로, 법대로, 규칙대로 살아간다고 마음먹을 때 마음은 편하고 또 그 만큼 마음으로 여유가 생기고 부자가 된다. 좀 돌아서 갈 것인가 아니면 변칙을 써서 질러갈 것인가 고민할 때 마음은 괴롭고 불안해진다. 노란불일 때 지나갈 것인가 기다릴 것인가 순간적으로라도 고민하기 보다는 차라리 항상 기다린다는 원칙을 세워 놓고 살아간다면 편하게 이 세상을 살아갈 수 있다. 새해에는 원칙대로 살아갈 것이라는 원칙을 세워 놓고 평화롭게 살아가는 게 좋겠다.

내가 실천하지 못하는 것이라도 학생들에게 가르치기는 가르쳐야 한다. 그래야 교사보다 더 훌륭한 제자가 나올 수 있다. 교사가 가지고 있는 능력 그 이상을 학생들에게서 요구할 필요가 있고 또 요구해야 한다. 학생들은 잠재 가능성이 많기 때문에 교사가 못하는 것도 해낼 수 있다. 그러나 교사가 할 수 있는데도 하지 않으면서 그것을 학생들에게만 요구할 때는 양심에 걸리게 된다. 양심에 걸리는 일이 이 세상에서 가장 괴로운 일이다. 양심에 걸리지 않게 사는 일이 가장 행복한 삶이다. 일단 새해에는 내가 할 수 있는 일만, 그리고 하고 있는 일만 학생들에게 요구한다는 원칙을 세워 놓고 학생들을 가르치면 어떨까? 또 학생들에게 하라고 요구한 것은 교사 자신도 실천하려고 노력하는 새해가 된다면 학생도 발전하고 교사도 발전하는 계기가 될 것이다.

장사꾼은 맨날 밑진다고 말한다. 그 말이 거짓말이려니 모든 사람이 믿고 있다. 그러다 보니 진짜 밑지고 팔 때도 사람들이 장사꾼이 밑지지 않으려니 믿게 된다. 장사꾼은 거짓말을 해도 크게 흠이 되지 않는다. 정치인도 권력을 잡기 위해서 거짓말을 하고 술수를 써 왔다. 그러다 보니 오늘날 정치인들은 국민으로부터 신뢰를 잃어왔다. 이제는 한 나라의 대통령이 뭐라고 해도 국민은 도무지 믿지 못하게 되었다. 마침내는 대통령이 국민에게 "믿어 주세요."라고 하면서 믿음을 구걸하게까지 되었다. 이제 국민도 각박해지고 인색해져서 대통령에게까지 좀 채로 믿음을 주려 하지 않는다. 다시는 이런 일이 없도록 한다고 해놓고 그런 일이 자꾸만 반복되니 누가 더 이상 믿음을 주겠는가? 국민으로부터 불신을 받기 위해서 그리고 국민에게 사과하기 위해서 대통령이 되려고 그렇게 천신만고 고생을 하였는가? 이제는 말이 필요 없고 글이 필요 없다. 행동으로 보여 주고 증명해 주는 길 밖에 없다. 이제 작은 일을 하려면 작은 거짓말을 조금 하고, 큰일을 하려면 큰 거짓말을 많이 해야 하는 때는 지나갔다. 말을 절제하고 행동으로 보여 주는 새해가 되어야겠다.

이제 학생들이 교사의 말까지 믿으려 하지 않는다. 학생들이 어디서 많이 속았나 보다. 특히 아이들이 어른들한테서 많이 속았나 보다. 속으면서 살아온 아이들을 말로써 가르치기는 어렵게 되었다. 아이들을 가르쳐 먹기가 점점 어렵게 되었다. 이제는 농담이라도 웬만해서는 거짓말을 하지 말아야겠다. 웬만히 절박한 문제가 아니라면 참말만을 하면서 살아가야겠다. 아이들 잘 되게 하기 위해서 때로는 위협을 주고, 과장하고, 거짓말하는 것까지도 절제해야겠다.

새해에는 몸으로 가르쳐야겠다. 그것이 가장 확실한 교육방법이다. 많은 걸 가르치기보다는 한두 가지라도 확실히 가르쳐야겠다. 아이들도 말보다 실천이 확실하도록 교사의 눈으로 확인해야겠다. 우리 사회는 아는 것이 많은 사람보다 실천하는 사람이 더 필요하다.

4. 이 배[船]는 내 배요

※ 출처: 주삼환(2005). 우리의 교육 몸으로 가르치자. 한국학술정보(주).

교장은 학교를 이끌고 항해하는 선장에 비유된다.
나침반과 방향타를 가지고 항해하여
교육목표 지점에 안전하게 정박시켜야 한다.

아직 아이들도 열심히 공부하고,
학부모의 뜨거운 교육열이 있고, 선생님의
따뜻한 교육애가 있다. 교육 지도자가
이러한 3박자의 열과 사랑을 필요한 곳에
쏟을 수 있도록 해 줘야 한다.

1987년도에 대학평가에 관한 세미나에 참석하기 위해 미국 샌프란시스코에 갔을 때의 일이다. 낮의 세미나 일정을 마치고 저녁에 유람선을 타고 저녁식사를 하며 참석자들 간에 사교의 시간을 갖는 프로그램이 있었다. 배 위에서 식사를 하고 포도주 한 잔을 마시며 밤경치를 즐기는 멋도 괜찮았다. 또 음악을 듣거나 밴드에 맞춰 사교춤을 즐기는 모습을 바라보는 것도 이국적인 정취를 느낄 수 있어 좋았다.

유람선이 두어 시간의 코스를 돌아 다시 제자리로 돌아올 때쯤 나는 밖으로 나와 출구 근처에서 바깥바람을 쐬고 있었다. 배가 선착장 가까이 오자 맨 먼저 선장이 나와 발판을 펴 사람들이 내릴 수 있도록 하였다. 내가 보기엔 1센티미터의 틈도 없이 정확하게 발판이 깔리는 것 같았다. 선장은 그 발판을 이리저리 밟아 보고, 또 반복해서 내렸다 올렸다 안전도를 확인하고 있었다. 나는 그 모습을 옆에서 바라보며 그 선장의 안전의식과 철저함에 감탄하고 있었다.

그때 약간 술에 취한 한 미국인 손님이 배 밖으로 나오지 못하도록 걸어 놓은 밧줄을 젖히고 내리려고 하였다. 선장은 아직 내리면 안 된다며 다시 밧줄을 걸었다. 그래도 술 취한 그 사람이 내리겠다고 뭐라고 중얼거리자, 선장은 "내가 내려도 좋다고 할 때까지 기다리라."고 타일렀다. 그러면서도 발판의 균형과 안전도를 이리저리 더 확인하고 있었다. 내가 보기엔 일곱, 여덟 번은 확인하는 듯했다.

배는 이미 정지했으나 그때까지 아무도 출구로 나오는 사람도 없었다. 단지 나같이 밖에서 바람 쐬던 몇몇 사람들이 있을 뿐이었다. 그때 술 취한 그 사람이 다시 불평 비슷한 말을 하며 내리겠다고 하였다. 그때 선장은 정색을 하며 큰 소리로 "이 배의 선장은 나요. 이 배는 내 배요."라고 말하는 것이었다. 조금 전에 있었던 그 친절과 부드러움이 다 어디에 갔는지 모를 정도였다. 그렇게 엄하고 당당할 수가 없었다. 술 취한 그 사람도 취중임에도 불구하고 더 이상 꼼짝 못하고 말았다. 몇 번 더 확인하고 나서 선장은 고리에 걸었던 밧줄을 젖히고 그 자리에서 배가 도착하였으니 내리라는 방송을 하였다. 한 사람 한 사람이 내릴 때마다 친절하게 인사를 하고 때로는 손을 잡아주기도 하였다. 조금 전의 그 엄격함이 또 어느 결에 사라지고 저렇게 친절이 나올 수 있는 것인지 의심스러웠다.

나는 배에서 내려서도 그곳을 떠날 줄을 모르고 끝까지 그 선장의 모습을 지켜보았다. 선장은 마지막으로 남아 있는 손님이 있는지 확인하려고 배 안에 잠시 들어가는 순간에도 밧줄을 걸어놓고 들어갔다. 손님 전원이 선장의 책임하에 백 퍼센트 내리게 하려는 것이다.

조금 전까지의 화려한 밴드 소리는 사라지고 배 안은 다시 고요함이 흐르고 있었다. 그 선장의 안전에 대한 책임과 철저함에 나는 감탄하지 않을 수 없었다. 우리는 언제 이런 나라를 따라가나? 얼마 전에 서해 위도 앞바다에서 서해훼리호 침몰 사고가 있었다. 너무나 어처구니없는 일이라서 뭐라고 꺼낼 말이 없다. 1센티미터의 틈도 없이 해 놓고도 몇 번씩 확인을 하면서 이 배는 내 책임하에 있다고 호령하던 미국 선장의 모습과 너무나도 비교가 된다.

배에 관한 한 모든 권한과 책임은 전적으로 선장에게 있다. 배에 사람을 태우고 안 태우고의 결정은 물론 출발 여부의 결정도 선장이 한다. 선장은 흔히 말하는 배 안에서의 입법, 사법, 행정의 전권을 부여받는다고 한다. 때로는 배 안에서의 난동사건도 일어나기 때문에 배 안의 규율과 질서를 정하고 유지하며, 명령에 따르지 않는 경우 처벌할 수 있는 권한도 모두 선장에게 있다.

동시에 배에 관한 모든 책임도 선장에게 있다. 우선 배에 타고 있는 모든 손님과 승무원을 행선지까지 안전하게 항해시켜 줄 책임을 진다. 어떠한 경우라도 선장은 배에서 모든 승객과 선원이 다 내린 다음 제일 마지막으로 내려야 한다. 그리고 배를 자기 몸과 같이 사랑하고 재산을 보호해야 할 책임을 가지고 있다.

항해의 방향타를 잡으면 어떤 풍랑이 닥쳐오더라도 모든 경험과 기술을 동원하여 안전하게 목적지에 도착시켜야 한다. 배가 항해하는 데 항상 순풍에 돛을 달고 휘파람 불며 유쾌한 항해만 하는 것은 아니다. 오히려 위험하고 어려운 때가 더 많을지도 모른다. 어려운 때일수록 사람들의 마음이 분열되기 쉽다. 이런 때 선장은 리더십을 발휘하고 주어진 역량을 모두 발휘해야 한다.

사공이 많으면 배가 산으로 간다고 한다. 산으로 가는 것은 그래도 다행이다. 지난 번 사고처럼 배가 침몰하는 것이 더 큰 문제다. 배는 그냥 멈춰 떠 있을 때보다는 그래도 일정한 방향을 잡아서 갈 때가 덜 위험하다. 우왕좌왕하거나 급선회할 때 더 위험하다. 이러한 때 선장의 강력한 리더십이 요구된다.

교장은 학교를 이끌고 항해하는 선장(captain)에 비유된다. 나침반과 방향타를 가지고 항해하여 교육목표 지점에 안전하게 정박시켜야 한다. 교장은 학교에 관한 한 절대적인 권한을 가진 동시에 책임을 진다. 모든 선원에 해당하는 교직원이 일치단결하여 맡은 바 책임을 다할 때 모두가 즐거운 항해를 할 수 있다.

선상반란과 같은 교내 갈등도 책임지고 관리해야 한다. 선장이 애선(愛船)과 생(生)을 같이 하듯이, 교장은 사랑하는 학교와 생을 같이 해야 한다. 학교와 교직원, 학생을 진정으로 사랑하지 않고는 교장이 될 수 없다.

그런 의미에서 주인의식, 소유의식 없이 교직원과 교장이 순환근무라고 하여 철새처럼 이리저리 떠돌아다니는 것은 심각한 문제가 아닐 수 없다. 학교운영은 생을 건 일생일대의 행정 예술작품이어야 한다.

우리 주변에 너무나 많은 사고가 있다. 거리에서, 산업현장에서 귀한 생명이 너무나 쉽게 죽고 또 다친다. 근본적으로 생명을 귀하게 여기지 않고 생명을 존중하지 않는 데 그 원인이 있다.

사람의 생명이든 동물이나 식물의 생명이든 생명을 귀중하게 여기는 철저한 교육이 이루어져야 한다. 젖을 먹이는 어머니로부터, 가정에서 어릴 때부터 생명을 귀중하게 하는 철저한 교육이 우선 되어야겠다.

모든 일이 살자고 하는 일이 아닌가? 너도 살고 나도 살아야 교육이고 행정이 있는 것이다. 결국은 윤리 도덕의 부재에서 사고 제일왕국의 자리를 차지하게 된다. 밑바탕부터가 흔들리니 사고가 안 날라야 안 날 수가 없다.

가치 혼란과 질서 파괴는 더 많은 생명을 앗아 간다. 생명보다 물질과 돈만을 챙기는 가치전도가 사고를 가속시키고 있다.

와우아파트, 우암아파트, 창선대교, 제주 추자교, 신행주대교, 성수대교가 무너지고, 구포역 열차가 떨어지고, 목포발 아시아나 항공기가 떨어지고 서해훼리호, 세월호가 침몰하는 것은 모두 우리나라 윤리도덕이 무너지고 떨어지고 침몰한 그 일부가 겉으로 튀어나온 것이다. 지금 이 순간에도 윤리도덕의 가치가 무너지고 떨어지는 소리가 여기저기서 들리는 것 같다.

수출용 차는 튼튼하고 내수용 차는 허술하다고 한다. 외국인 생명은 귀중하고 한국인 생명은 아무렇지도 않단 말인가? 자동차 메이커는 모두 돈만 아는 간접 살인자라고 한다. 승객을 사람으로 보지 않고 돈으로 보니 사고가 안 나는 것이 오히려 이상하다. 사람이 사람으로 보이면 정원의 2배가 넘는 승객을 싣겠는가? 우리나라에 정원을 제대로 지키는 교통수단이 얼마나 되는가? 입석버스, 좌석버스, 지하철, 여객선 모두가 정원을 초과하고 있다. 아예 정원 개념이 없는 형편이다. 지금은 조금 나아지기는 했지만.

우리나라의 적당주의를 제거하지 않는 한 우리는 사망진단서를 항상 주머니에 넣고 다녀야 한다. 법과 규정, 규칙이 모두 적당주의로 무시되고 있다. 배도 적당히 만들고, 적당히 고치고, 적당히 정원을 늘리고 그 배에 적당히 대충 싣고 가다가, 어려우면 적당히 돌리면 되고, 또 적당히 끌어 올려 보고, 적당히 매달아 두었다가 두 번씩 죄 없는 배만 침몰하게 한다. 적당주의 사람 잘못 만나 두 번 침몰하는 서해훼리호의 운명이 기구하고 불쌍하다.

작은 것이라도 철저함을 가르쳐야 한다. 우리가 정말 알아야 할 것은 유치원에서 다 배웠다. 유치원 교육만 철저히 해도 사람이 살아가는 데 불편이 없을 것이다. 최소한 서해훼리호 침몰과 같은 사고는 안 저지를 것이다.

우리가 학교 교육에 얼마나 많은 양의 자원과 시간을 투자하는가? 아무리 많은 것을 가르쳐도 적당히 대충 가르치는 한은 아무 소용이 없다.

자기와 생명을 같이 하는 차나 비행기, 배는 보통 물건이나 물체와는 다르다. 운명을 같이 하는 생명체나 마찬가지다. 생명으로 생각하고 아끼고 사랑해야 한다. 그래서 이런 탈것들을 애마(愛馬), 애기(愛機)라고 한다. 이렇게 생명을 같이 하는 것을 아끼고 사랑하지 않을 수 없다. 그래서 틈만 나면 쓸고 닦고 조이고 기름 치지 않을 수 없다.

선장이 사람은 고사하고 진정으로 서해훼리호를 사랑하기만 했더라도 그렇게 무지막지하게 승객과 화물을 실을 수는 없었을 것이다.

이용과 미용은 이발사와 미용사에게 맡겨야 한다. 구두를 닦을 때도 구두닦이에게 맡겨야 한다. 양복을 맞출 때는 양복장이에게 맡겨야 한다. 약을 지을 때는 약사에게 맡기고, 수술할 때는 의사에게 맡길 수밖에 없다. 대신, 맡은 사람은 자신의 전문성과 자존심을 갖고 책임 있게 철저한 프로정신에 의하여 끝내 줘야 한다. (도대체 학생은 누구에게 맡겨야 하나? 돈 주고 학원에 맡겨야 안심이 되는가?)

학교를 책임진 교장은 세계 제일이라는 자존심을 갖고 학교교육을 끝내줘야 한다. 교육부나 학부모의 눈치를 보지 말고 전문성과 원칙대로 학교를 운영해야 한다. 법대로, 원칙대로 옳다고 믿는 대로 살아갈 때 정말 편안하다는 것을 믿어야 한다. 샌프란시스코에서 만났던 유람선 선장의 인상이 지금도 선연하게 내 눈앞이 다가온다.

5. 교육이 바로 서야 나라가 산다

※ 출처: 주삼환(2000, 5. 15.). 대전서부교육청 스승의 날 행사 특강.

우리나라에 바로 세울 것이 너무 많습니다.
먼저 교육이 바로 서야 다른 것들도 바로 설 수 있습니다.
그리고 마침내 나라도 바로 설 수 있습니다.

1) 우리나라는 교육을 가지고 살아가는 교육국가다

자연 자원을 별로 가지고 있지 못한 우리나라가 러시아, 중국, 일본 등 강대국들 틈바구니에서 나라를 빼앗기지 않고 살아가기 위해 우리 조상들은 교육에 힘써 왔습니다. 자손들에게 교육을 잘 시켜놔야 어려움을 슬기로 극복해 나갈 수 있다고 굳게 믿었기 때문입니다.

세계적으로 고통을 많이 받은 민족일수록 대체로 교육열이 강합니다. 일본의 식민지에서 벗어나 독립하기 위한 방법으로도 우리 민족은 장기적 안목에서 교육을 전략으로 채택했습니다. 그래서 어린이 운동, 청소년 운동, 민족학교 운동 등 교육운동으로 일본에서 독립하려고 장기적인 독립운동을 했던 것입니다. 일본은 반대로 우리나라를 영원히 식민지화하기 위하여 식민지교육을 강화했던 것입니다. 이처럼 교육은 국가와 민족 생존의 마지막 수단이 됩니다.

유대인들도 교육으로 어려움 속에서 생존해 왔습니다. 독일이 한때 나라를 잃었을 때, 그 원인을 피히테는 국민교육을 잘못했기 때문이라고 했습니다. 국민교육을 잘못하면 그 민족, 그 국가는 마침내 망하게 됩니다. 그래서 교육은 국가를 지키는 최후의 보루입니다.

반대로 독일의 몰트케라는 한 장군은 전쟁에서 승리하고 돌아왔을 때 시민들이 열어 주는 개선 환영대회 연설에서 "우리가 전쟁에서 승리하고 돌아올 수 있었던 것은 장군인 나의 전략이 뛰어나서도 아니고, 나의 병사들이 용감하게 잘 싸웠기 때문도 아니고, 그것은 바로 저기 앉아 계신 초등학교 선생님이 국민(기초)교육을 잘해 주셨기 때문입니다."라고 하면서 그 개선의 공을 초등학교 선생님에게 돌렸다고 합니다. 강도 높은 군사훈련도 결국 국민 기초교육이 튼튼하게 이루어졌을 때 가능하다는 의미입니다.

덴마크를 일으킨 것도 국민교육이며, 한때 멕시코, 네덜란드, 영국이 우리처럼 IMF 관리체제를 불러들인 것도 따지고 보면 궁극적으로는 국민(정신)교육을 잘못했었기 때문이기도 했고, 또 쉽게 어느 정도 이를 극복할 수 있었던 것도 국민교육의 수준이 높았기 때문이라고도 볼 수 있습니다.

우리가 교육에 힘써 왔기 때문에 1960년대에서 1980년대까지 짧은 30년 동안에 '한강의 기적'이라며 국가 산업화의 목표를 달성할 수도 있었습니다. 산업화로 우리는 물질을 얻고 돈을 벌 수 있었으나 그때 우리는 동시에 많은 것을 잃었습니다. 한국인의 '정신'을 잃고, 윤리도덕, 교육을 잃었습니다. 짧은 기간에 너무나 빨리 모래성을 쌓다 보니 1990년대부터 모든 것이 무너져 내리기 시작했던 것입니다. 무너져 내리는 절정이 바로 1997년 IMF 관리체제였습니다.

지금 우리는 국가적 '교육적 위기'를 맞고 있습니다. 국가적 기초가 흔들리고 있습니다. 교육력이 먹혀들지 않고 있습니다. 교육의 장소가 난장판으로 바뀌고 있다고도 합니다. 당장은 혼란스럽더라도 어린이 교육, 젊은이 교육이 제대로 먹혀들면 우리는 참고 희망을 가질 수 있습니다.

그러나 교육이 제대로 안 되면 우리 민족의 앞날은 절망입니다. 정치인, 경제인, 기업인, 금융인, 때로는 군인과 경찰이 잠시 국민을 실망시키는 일이 있더라도 앞날을 짊어질 어린이, 젊은이의 교육만 제대로 시킬 수 있다면 언젠가는 나라를 튼튼하게 바로 세울 수 있다고 우리는 믿고 기다릴 수 있습니다. 그러나 교육이 손을 놓게 되면 희망도 없고 기다릴 것도 없게 됩니다.

2) 교육이 바로 서야 국가가 바로 선다

교육이 흔들리면 정치도, 경제도 바로 설 수 없습니다. 교육을 바로 세워야 합니다. 교육국가 우리나라에서 교육이 무너지는 소리가 여기저기서 들립니다. 그런데 오늘 저는 아주 어려운 강연을 맡았습니다. 우리나라 전체 대학 총학장님들을 한자리에 모셔 놓고 발표할 때도 있었는데 오늘처럼 이렇게 어렵지는 않았습니다. 저는 지금 초등학생에서부터 학부모, 일반인, 교육계 선배이신 교장선생님들까지 한자리에 모셔 놓고 이렇게 강연하고 있으니 어렵지 않을 수 없습니다. 더구나 제가 초등학교 교실을 떠난 지 만 22년이나 되었으니 여기 앉은 초등학생이 제 말을 얼마나 알아들을 수 있을는지 심히 걱정이 됩니다.

그러나 여기 모이신 학생, 학부모, 교사, 교육행정가들이 먼저 하나의 팀이 되어 교육을 바로 세우기 위해 앞장을 서야 되겠기에 어쩌면 이렇게 여러 층이 한자리에 모이는 것이 더욱 의미가 있을 수도 있다고 봅니다.

이제부터 학생, 부모님, 선생님, 교육행정가, 정부에 대하여 각각 저의 간절한 호소의 말씀을 올리고자 합니다. 결론은 각자 제자리를 지켜야 교육이 바로 서고, 교육이 바로 서야 비로소 나라가 바로 서게 된다는 것입니다.

3) 학생 여러분, 그래도 공부하는 길뿐이 없다

어떤 사람은 공부가 다냐고 하지만 학생이 공부 이외 다른 일을 할 게 없습니다. 운동도 공부입니다. 공부는 여러분의 직업입니다.

저는 우리 학생들에게 모든 희망을 겁니다. 저는 우리 학생들이 예쁘고 기특하게도 생각됩니다. 선생님과 부모님이 그렇게 많은 공부를 요구하는데도 그걸 다 참고 해내고 있으니 말입니다. 밖에 나가 놀고 싶고 텔레비전을 보고 싶을 텐데, 그걸 다 참아내고 책상 앞에 붙어 있으니 말입니다. 어떤 때는 제가 시험문제 정답을 맞혀 보려고 해 봐도 틀리는데 그 어려운 시험문제의 정답을 족집게처럼 찍어 내는 학생들을 보면 선생님인 저는 여러분이 기특하고 신기하기도 해서 감탄을 하게 됩니다.

그렇습니다. 그래도 열심히 공부하는 학생에게 희망도 있고 장래도 있습니다. 어렵더라도 열심히 공부해서 여러분 자신도 잘되고 여러분의 부모님, 선생님도 좋고, 사회와 나라에도 도움이 되게 합시다. 교수인 저도 열심히 노력하여 지금 이렇게 여러분 앞에서 얘기도 하게 되고 행복하게 살고 있습니다. 저의 돌아가신 어머님께서는 제가 밤늦게 공부하는 걸 보시곤 "너는 박사까지 하고도 아직 공부할 게 남아 있느냐? 너는 언제 공부가 다 끝나느냐?" 하셨습니다. 공부는 끝이 없습니다. 평생을 두고 공부해야 합니다. 그래서 공부가 재미있어야지, 지겨운 게 되어서는 안 됩니다.

어렸을 때의 교육은 뭐니 뭐니 해도 기초를 튼튼히 하는 기초교육에 중점을 둬야 합니다. 기초가 튼튼한 사람은 언젠가는 빛을 볼 수 있습니다. 학문, 과학의 기초, 예체능의 기초, 외국어와 기술의 기초, 무엇보다 사람 됨됨이의 기초, 윤리 도덕의 기초를 튼튼히 해야 합니다. 저도 열심히 공부하느라고 하기는 했지만 농촌학교, 농업고등학교를 다니고 또 초등학교 선생님으로 일하면서(약 15년) 야간대학과 야간대학원에서 공부하다 보니 학문의 기초를 튼튼히 하지 못해 지금도 기초가 부족한 것을 느낍니다.

기초를 튼튼히 하면서도 동시에 한두 가지 특성과 적성을 찾아 그것을 남보다 뛰어나게 발전시켜 나가야 합니다. 지금은 한 가지만 뛰어나도 세계적인 사람이 될 수 있습니다. 한 인간이 모든 것을 골고루 다 잘하기는 심히 어렵습니다.

그렇기 때문에 앞으로의 세상은 남과 잘 어울려 살 줄 알아야 합니다. 다른 사람과 협동 협력해야 내 특성도 발휘할 수 있기 때문입니다. 가족, 친구, 선후배와도 잘 어울려야 합니다. 이런 때 우리나라에 '왕따' 이야기가 나오는 것은 참 불행한 일입니다. 부족해 보이는 사람, 외로운 사람, 장애 친구와도 잘 어울려 살아야 합니다. 그들로부터 많은 것을 배울 수 있습니다. 또 언젠가는 우리가 그들의 도움을 필요로 하게도 됩니다.

학생 여러분이 협동하여 스스로 공부하는 분위기도 만들어야 합니다. 다수의 착한 여러분이 학교 분위기, 학급 분위기, 수업 분위기를 바르게 잡아야 합니다. 한두 사람 때문에 많은 선량한 학생들이 피해를 보지 않게 노력해야 합니다.

평생에 존경하는 선생님을 한두 분이라도 모시게 되면 여러분은 일생을 살아가는 데 큰 힘이 됩니다. 선생님들이 다 훌륭하시지만, 그중에서도 더 존경하는 그런 선생님을 찾아서 자주 상의를 드리는 게 좋겠습니다. 선생님에게서 지식만 배우지 말고 살아가시는 모습까지 통째로 배우는 게 좋습니다.

어렵더라도 ① 꿈과 희망을 가지고 열심히 공부하되, ② 기초에 힘쓰고, ③ 남과 다른 특성을 키우고, ④ 남과 잘 어울릴 줄 알고, ⑤ 다수의 착한 학생이 중심을 잡아야 하고, ⑥ 선생님을 존경해야 배울 수 있다는 말로 학생에게 드리는 말을 요약하겠습니다.

4) 학부모들이여, 자녀교육과 국민교육을 시키려면 선생님들을 존경하는 척이라도 하라

학부모님이 요즈음 매스컴에서 접하시는 것처럼 지금 학교에서는 선생님의 교육력이 학생들에게 먹혀들어 가지 못하고 있습니다. 부모님의 경우 몇 안 되는 자기 자녀들을 통제하지 못하는 가정도 많은 실정이듯 지금 학교에서도 교사가 가르치는 학생을 통제하지 못하고 있습니다. 교사의 권위가 날개 없이 추락하고 있습니다. 과거 군사부일체의 전통적 권위를 전문적 권위, 민주적 권위로 대체하지 못하고 있기 때문입니다.

또 산업사회의 거친 교육여건을 지식정보사회의 질 높은 교육환경으로 바꾸지 못해 교사는 학생을 더 이상 가르칠 수 없는 지경에 이른 곳도 많다고 합니다.

학부모님, 최소한 자녀 앞이나 남들 앞에서는 선생님을 존경하는 척이라도 해 줘야 선생님에게 아이들을 가르칠 수 있는 권위가 생기게 됩니다. 사회와 학부모들로부터 무시당하는 선생님은 아이들을 가르칠 수 없습니다.

선생님이 예뻐서 선생님을 존경하는 척해 달라는 것이 아니라 선생님이 가르치는 당신의 자녀와 국민이 예쁘고 귀중하기 때문입니다.

소수의 똑똑한(?) 학부모, 겉 똑똑이 같은 마치 전국의 학부모를 혼자 대표하는 양 매스컴을 독차지하는 소수의 학부모 때문에 우리의 교육은 비뚜로 가고, 많은 학생이 손해를 보는 일이 생깁니다. 이제는 침묵하는 다수의 옳은 생각을 가지신 학부모님이 우리의 교육을 바로 세우기 위해 목소리를 내주어야 합니다. 민주도 좋고, 평등도 좋고, 소비자·수요자 중심도 좋지만, 이들 때문에 많은 교사가 사기를 잃고 의욕을 잃고 있습니다. 삐뚤어진 학부모들이 당장 여러분 자녀의 교육에 손해를 보게 하고 있습니다. 우리나라 전체를 보시고, 먼 훗날을 위해 과연 무엇이 옳은가를 잘 판단하시어 다수의 올바른 목소리를 내어 주십시오.

교사는 존경과 명예, 자존심을 먹고 삽니다. 여기에 상처를 입으면 교사는 교단에 서 있을 힘조차도 잃게 됩니다. 이렇게 되면 교육은 더 이상 작용할 수도 없고 일어날 수도 없습니다. 존경과 명예, 자존심을 돈만으로 세워 줄 수도 없습니다.

돈만 가지고 인간 교육을 할 수 있다면 얼마나 좋겠습니까? 돈만으로 교육을 때울 수 있다면 아마 부잣집 자녀는 모두 훌륭하게 되었을 것입니다.

저는 학부모님께 항상 죄스럽게 생각하고 있습니다. 교육행정을 공부하는 사람으로서 학부모님에게 교육문제 해결방안을 시원하게 제시해 드리지 못하고 항상 부모님이 교육 걱정을 하시게 해드려서 말입니다.

오늘도 학부모님의 교육 걱정을 시원하게 덜어드리지 못하고 교육을 바로 세우기 위해 부탁만 드리게 되었습니다.

첫째, 제발 자녀교육과 국민교육을 위해서 선생님을 존경하는 척이라도 해 주십시오. 학부모와 교사가 서로 존경하고 존중해야 자녀교육이 가능해집니다.

둘째, 이제 침묵하는 다수의 올바른 학부모님이 교육을 바로 세우기 위해 제 목소리를 내어 주십시오.

셋째, 선생님은 존경과 명예, 자존심을 먹고 산다는 선생님의 생리를 인식하시어 이에 상처가 가지 않게 하여 주십시오.

5) 선생님들이여, 이승에서 대우 못 받으면 저승에서라도 수고했다는 소리를 들을 것이다

저도 15년 동안 초등학교 교사를 하면서 속상하는 일을 많이 겪었는데 최근에는 더 심하다는 걸 잘 압니다. 하루에도 몇 번씩 교직을 때려치우고 싶을 때도 있었습니다. 실지로 저도 다른 직장을 찾아보기도 했었습니다. 마음을 돌리고 돌리다 교육행정을 공부하게 되었습니다.

선생님 여러분, 여러분 반의 아이들의 눈망울을 보십시오. 그 애들은 아무 죄가 없습니다. 속상하는 일이 있더라도 아이들을 위해 최선을 다해 주십시오, 국민을 위한다는 집단들이 국민을 실망시킨다고 우리 교육자들까지 국민을 실망시키지는 말아야 하겠습니다. 그리고 민족의 앞날을 위해서 여러분이 할 수 있는 범위 내에서 있는 힘을 다해 주십시오. 그러면 여러분들 제자가 다음에 커서 알아줄 것입니다. 또 제자들이 몰라주면 어떻습니까?

여기 앉아 계신 학부모님도 자녀로부터 효도받기를 일찌감치 포기하고도 자녀교육에 열을 올리고 있는데 지금 교사가 학생에게서 뭐 받을 게 있겠어요? 그래도 열심히 자리를 지키고 교사의 본분을 지키고 제자와 교직, 교육을 사랑해 주시면 나중에 저승에 가시면 분명히 수고했다는 소리를 들으실 겁니다. 남이 알아주지 않더라도 우리 교육자들끼리라도 서로 위로해 주고 격려해 주면서 열심히 최선을 다해 살아가십시다.

선생님 여러분, 말 나온 김에 체벌, 촌지에 관한 문제는 이제 뿌리를 뽑읍시다. 선생님, 아직도 때리면서 아이들을 가르칠 기운이 남아 있습니까? 아이들은 당신의 제자이기 전에 남의 자식입니다. 그리고 학생은 여러분의 학생이기 이전에 하나의 국민입니다. 그리고 과거에는 우리가 스승이었지만 지금은 우리가 스승이기 이전에 하나의 교육공무원이고 노조를 하는 노동자입니다. 교육공무원이, 노동자가 국민인 학생을 때려서 가르칠 수 있습니까? 사랑의 매, 초달 어쩌고저쩌고 하는 유혹에 넘어가지 마십시오. 교육을 못하고 포기하는 한이 있어도 애들을 때리면서까지 가르치려고 과잉 충성하지 마십시오. 때려서 가르치는 일은 부모에게 맡기세요. 그것도 얼마 안 가 아동학대죄에 걸리게 될 판입니다. 여러분이 가르치는 학생 하나하나는 이 지구상에 하나밖에 없는 아주 귀중한 인격체입니다. 그 애들에게 매가 올라갑니까? 체벌 문제는 이제 이 시점에서 대한민국에서는 영원히 사라지도록 끝내야 합니다. 애들이 많아서 체벌 없이 가르칠 수 없다는 핑계도 더 이상 하지 마십시오. 애들 많고 적은 것은 정부가 해결할 일이지 일개 교육공무원인 교사가 걱정할 일이 아닙니다. 돈을 주무르는 일반직이 할 일이지 교사가 할 일이 못 됩니다.

촌지 문제로 세상이 그렇게 시끄럽고 교사들 체면이 그만큼 구겨졌으면 이제는 더 이상 더러운 소리 듣지 말아야 합니다. 이 정도로 촌지 교사로 범인 취급당하고, 모든 교사가 매도당하고, 교직 전체가 촌지 문제로 흔들려 놨으면 교직 자체에서도 액수 고하, 선의 여부를 떠나서 엄격하게 다스려야 합니다. 감사의 표시도 모두 헛말입니다. 스승에게 감사하고 싶으면 졸업 후에나 하라고 하십시오. 감사, 촌지 어쩌고 하면 나에게 감사하기보다는 나를 우습게 여기고 무시하는 처사라고 생각하십시오.

교육을 바로 세워야 한다고 생각하시면 그래도 묵묵히 선생님의 자리를 지켜 주십시오. 그리고 차제에 체벌과 촌지는 그 용어, 말 자체가 대한민국 교육사전에서 아주 사라지게 하여 주십시오.

6) 교육행정가, 지도자들이여, 교육의 방향을 바로 제시하라

우리 민족의 장래를 생각하십시오. 교육이 나아갈 큰 방향을 제시하고 그 방향으로 교사와 학부모, 학생이 나아갈 수 있도록 정책과 행정을 펴 주십시오. 아직도 우리 학생과 학부모, 교사는 교육에 열심입니다.

교육에 열심인 것이 무슨 죄입니까? 학교에서 지겹도록 공부하고도 또 과외까지 하면서 공부하겠다는데 그게 무슨 범죄입니까? 고액이다, 과열이다, 치맛바람이라고 몰아붙여 착한 학생과 학부모들을 함부로 비난하고 혼내지 마십시오. 혼내려면 과외를 하게 만들어 놓고 치맛바람을 일으키게 만들어 놓은 정부와 관료들을 혼내십시오. 다른 나라에서는 학생이 공부를 안 하려고 하고 학부모가 자녀들을 공부 안 시키려고 해서 문제인데 우리나라에서 교육에 열을 올리는 것은 아주 행복하고 유리한 조건입니다. 더구나 지식정보사회는 그 나라의 교육에 의하여 승패가 판가름 나게 되어 있는데 열심히 공부하겠다는 것을 거꾸로 막으려고 하면 어떻게 되겠습니까? 과외가 나쁜 것이라면 제발 학생, 학부모, 교사로 하여금 과외 없는 세상에서 살 수 있는 사회를 만들어 주십시오.

교육행정가들이 정치 장단에 맞춰 춤을 추고 정권에 비위를 맞추다 보면 마침내 초라해지는 것은 교육행정가 자신들이고 무너지는 것은 교육뿐입니다. 교육이 정권유지의 시녀 노릇을 하다가 교육의 나라 우리나라가 지금 교육위기를 초래했는지도 모릅니다. 정치논리, 경제논리로 교육문제를 처방하게 되면 병을 고치기보다는 오히려 병을 도지게 하고 몸까지 망가뜨리게 됩니다. 교육행정가는 장기적 전망에서 교육의 방향을 바르게 잡고, 정치 장단에 춤을 추지 말고 교육 고유의 장단을 만들어 내야 합니다.

7) 정부 당국은 교육개혁을 한다고 교육을 함부로 건드린 후 교육이 좋아졌는지, 나빠졌는지부터 먼저 정확하게 평가하라

교실 붕괴 · 학교 붕괴 · 교육 붕괴가 엄살인지, 과장된 것인지, 자연발생적인 것인지 민족의 역사 앞에 엄정하게 평가하여 학생 · 학부모 · 교육자 · 국민이 교육에 대하여 믿고 안심할 수 있게 하여 주십시오. 어느 정권 때부터 교육이 좋아지기 시작했는지, 나빠지기 시작했는지 평가할 필요가 있다고 봅니다. 그리고 앞으로 교육이 나아질 것인지, 나빠질 것인지 올바르게 전망해야 할 것입니다.

대부분의 사람들은 "우리나라 교육, 이대로는 안 된다."는 판단을 하고 있는 것 같습니다. 지식정보사회에서의 교육 붕괴 현상을 심각하게 받아들이고 있습니다. 지식정보사회 고지 앞에서 교사들까지 동요하고 있습니다. 우선 교육 붕괴에 대한 응급조치를 하고 교육을 바로 세워 나라를 위기에서 구출해야 합니다. 이를 위해 정부가 앞장서야겠지만 우선 여기 모이신 학생, 학부모, 선생님, 교육행정가들부터 각자 자기 자리를 굳건히 지키고 제 할 일을 제대로 하여야겠습니다.

6. 교원은 존경과 자존심을 먹고 산다

※ 출처: 주삼환(1997. 7. 22.). 교육이 바로 서야 나라가 산다. 대전일보.

동물도 식물도 사람들도 다 먹고 사는 것이 다르다.
직업에 따라 하는 일에 따라 먹고 사는 것도 다 다르다.
어린 학생 가까이서 배움을 도와주고 인생의 바른 길로 가도록
안내자의 역할을 하는 교원은 무얼 먹고 살 것인가?

프랑스에서 월드컵 축구대회가 열릴 때 우리나라 온 국민은 밤잠을 설쳤다. 구경하고 즐기려는 목적도 있었겠지만 응원하기 위한 목적이 더 컸을 것이다. 선수들은 온 국민이 보이지 않는 곳에서도 밤잠을 못 자며 응원할 것을 생각하여 온 힘을 기울여 평소의 실력 이상으로 뛰려고 노력했을 것이다. 선수는 국민의 기대에 어긋나지 않게 하려고 전심전력을 다하는 것이다(우리나라에서 열리는 2002 한일월드컵에서 더 실감했을 것이다). 평소에 운동을 좋아하지 않던 사람들까지도 박세리, 박찬호, 최경주, 김연아, 박태환을 위해서 응원의 박수를 보낸다. 그러면 그들은 사기충천하여 더욱 잘하게 된다.

군대와 운동선수 팀에게 있어서 집단정신과 사기는 승패에 절대적이다. 그래서 사기충천한 군대와 운동 팀을 만들려고 지휘관과 감독은 온갖 노력과 수단을 다 동원하게 된다. 운동선수로 뛰는 사람은 댓 명, 십여 명인데 동원되는 응원단원은 수천, 수만, 수천만 명에 이르게 된다. 구경보다도 선수들의 사기를 높여 주기 위해서다.

집단의 사기는 그 집단이 원래 가지고 있는 능력, 실력에다 알파의 힘을 더해 준다. 이 알파의 힘이 집단을 승리로 이끈다. 이 집단의 응집력과 사기, 협동심에서 나오는 알파라는 힘을 얻기 위해서 온갖 전략과 노력을 다 동원해야 한다.

우리는 지금 국제교육전쟁의 시대에 살고 있다. 군사전쟁, 경제전쟁보다 더 무서운 총소리 없는 교육전쟁을 하고 있는 것이다. 지식정보사회에서 지식과 정보는 군대가 만들어 내는 것도 아니고, 공장에서 만들어 내는 것도 아니고, 바로 교육, 학교 교실과 연구실에서 만들어 내는 것이기 때문에 선진국들은 지금 21세기에서도 계속 자기들이 주도권을 잡기 위해서 "교육, 교육, 교육"을 외치며 교육전쟁을 승리로 이끌고자 하고 있다.

교육전쟁을 승리로 이끌기 위한 가장 중요한 요소는 말할 것도 없이 교사다. 그래서 교육의 질은 교사의 질을 능가할 수 없다고 하는 것이다. 그런데 우리나라의 교원정책은 지금 유능한 인재를 교직으로 유인하는 데 실패하고 있으며 오히려 유능한 교원을 교직으로부터 내쫓고 있다. 열심히 학생을 가르치려는 교사와 충성하고픈 교사의 사기를 반대로 꺾어 놓고 있는 상황이다.

옛날에는 우수 인력이 교직으로 몰려 교원들이 자부심을 가질 수 있었고 사기가 높았는데 이제는 교원들이 교직에 종사한다는 사실을 숨기고 오히려 패배의식에 젖어 있게 되었다. 국가가 어려울 때 봉급도 제대로 못 받으며 헌신하여 우리나라를 이 정도로 살만하게 일으켜 세운 원로교사들을 이제는 무능으로 내몰려고 하고 있다. 교육 관료의 사기를 높이려고 교사를 때려잡는 것같이 교원들의 눈에 비치고 있다. 그동안 교사 노릇한 게 무슨 죄인가? 교원을 죄인 취급하고 있다. 그동안 교사들이 저지른 죄목이 도대체 무엇이란 말인가? 교사들이 먼저 개혁의 대상인가, 아니면 교육 관료들이 먼저 개혁의 대상이 되어야 하는가? 학교를 먼저 개혁해야 하는가, 아니면 교육부가 먼저 개혁돼야 하는가? 경제 관료가 우리나라 경제를 망치듯이 교육 관료가 우리나라 교육을 망치지 말라는 법이 없다. 학생들의 인성교육을 걱정하기보다 먼저 교육 관료의 인성을 우려하게 되어 있다. 모든 것이 거꾸로 가니 국제교육전쟁을 앞두고 충천해야 할 교원의 사기는 지금 밑바닥을 기고 있다.

지금 교원들은 "교육개혁 잘해 보시오." "열린 교육 잘해 보시오." "학교평가, 학교운영위원회 잘해 보시오."라고 하며 냉소주의에 빠져들고 있다는 것을 교육개혁 주도자들은 알아야 한다. 아이들을 무섭게 혼낼 필요도 없고, 숙제를 내줄 필요도 없고, 학교급식 점심이나 뜨듯하게 잘 먹여서 집으로 돌려보내는 게 좋겠다고 체념하기까지 한다.

이게 요즘 수요자 중심 교육으로 나타나는 현상이다. 도대체 교원이 열성을 부릴 명분이 없다. 쫓아낸다니 쫓겨나지 않을 정도로만 근무하면 된다고 생각할 수 있다. 이런 식으로 계속 흘러가면 교육개혁도 아무런 의미를 갖지 못한다. 국제교육전쟁에서는 패배자가 될 수밖에 없다. 교원 자신들도 일하는 재미도 못 갖게 되고 패배하는 삶을 살게 된다. 불쌍하고 비참한 교원의 길을 걷게 된다.

더 이상 이렇게만 살아갈 수는 없다. 우리는 질 때는 지더라도 열심히 할 때 행복하다. 정부는 개혁에 앞서 교원의 신바람을 먼저 불러 일으켜야 한다. 교원들로 하여금 스스로 하고 싶은 마음을 먼저 불러 일으켜야 한다. 교육개혁의 바람을 밑에서부터 불게 하는 한 수 높은 개혁전략이 필요하다. 억지 개혁은 반드시 실패로 끝난다. 교원이 주도하는 교육개혁이 되어야 한다.

교원은 자존심을 먹고 산다. IMF 관리시대라 교원에게 물질적·금전적 보상은 충분히 못해 준다 하더라도 정신적·심리적 보상이라도 해줘야 한다. 국민적 존경심을 교원에게 보내 줘야 한다. 무엇보다 교원에게 교육 관료들의 존경심을 먼저 보여 줘야 한다. 교원은 존경이란 이슬을 먹고 산다.

교육개혁을 성공적으로 이룩하려거든 먼저 교원의 사기를 진작하라. 우리나라가 21세기 국제교육전쟁에 선수 명단을 제출하려거든 먼저 교원의 사기를 충천하게 만들어라. 그러면 우리 교원도 협동 단결하여 교직에서 보람을 찾고 신나게 학생을 가르쳐 교육전쟁에서의 승리의 월계관을 우리 국가와 민족에게 틀림없이 바칠 것이다.

이러한 국가 위기의 시대를 맞이한 시점에서도 흔들리지 않고 학교 현장에서 말없이 묵묵히 자신의 본분과 직분을 충실히 다하고 계시는 선생님께 머리 숙여 경의를 표하며 같은 교원으로서 여러분들께 격려의 박수를 보낸다.

"선생님! 힘내십시오. 미래는 우리를 위하여 미소를 짓고 있습니다."

※ IMF 구제금융 시기에 쓴 것으로 지금 상황과 안 맞는다고 할지 모르나 교사의 자부심과 사기는 그때나 지금이나 별 차이가 없다고 본다. 요즈음 우수한 사람이 교직에 몰린다고 하는데 누가 어떤 목적으로 몰리느냐가 문제다. 프랑스의 경우 교사 희망자가 4대 1, 5대 1이 되어도 계속 교사 부족이라고 하고 있다. 입에 맞는 교사가 지원하지 않는다는 것이다.

7. 공부를 많이 가르치고도 실패하는 나라

※ 출처: 주삼환(1997. 7. 22.). '공부를 많이 가르치고도 실패하는 나라'. 대전일보.

참 이상한 나라입니다. 아이들이 공부는 많이 하고
선생님은 많이 가르치는 것 같은데
왜 인간 교육이 안 된다고 할까요?

중고등학생들이 피로도 안 풀린 채 졸린 눈으로 새벽에 학교로 간다. 그 순간부터 긴장의 연속이다. 교실에 들어오는 선생님마다 자기 과목이 중요하다고 하고 모두 시험에 나올 거라며 교과서를 모두 외우고 새까맣게 지우라고 한다. 딱딱한 의자에서 1분 1초도 한눈팔 겨를이 없다. 수업이 끝났다고 해도 자율학습, 보충학습이라며 밤늦게까지 붙들어 놓는다.

스파르타식이라 하여 아예 학교에서 먹고 자게 하는 학교도 있다. 좀 일찍 보내는 학교의 학생들도 학원이나 과외로 가야하고 그게 끝나면, 독서실로 가서 또 책상을 지켜야 한다. 졸더라도 책상 앞에서 졸고 자더라도 책상에 엎드려 자야 한다. 방학이란 것도 모두 몰수당한지 이미 오래다.

초등학생들도 학교에서 파하면 방과 후 활동을 하거나 과외·각종 학원·학습시험지로 시달려야 한다. 심지어는 어린애들까지 유아원·유치원, 특기지도, 영어교실, 조기교육이란 명목으로 봉고차에 실려 다니며 거리에서 위험에 노출되어야 한다. 자녀 교육을 이렇게 남에게 맡겨 놓고도 안심이 되겠는가? 뱃속에서부터 교육을 시켜야 남보다 출발점부터 앞서고, 1등하고, 일류대학에 가서 남을 누르고 출세한다는 생각으로 가득차 있다. 극성도 너무 극성이다. 세계에서 공부 많이 시키기로는 대한민국이 최고다. 어머니 뱃속(womb)에 있는 놈도 태교(pre-born education)라고 하여 공부해야 하고 돌아가신 할아버지께서도 캄캄한 무덤(tomb) 속에서 '현고학생부군(顯考學生府君)' 신분으로 공부해야 한다. "공부하다 죽어라."(정찬주, 2000)가 아니라 '죽어서도 공부하라'다. 이상하게 공부에 지독한 민족이다.

학생들이 학교에 가는 날짜 수도 많고 학교에 머무는 시간 수도 세계 1위다. 책상 앞에 앉아 있는 시간 수로 치면 분명 세계 챔피언감이다. 사람이 일을 하거나 긴장할 수 있는 용량에는 한계가 있다. 왜 학생들에게는 그 용량을 무시하고 그리 잔인한지 모르겠다. 어른들도 하루 여덟 시간, 주 45시간 근무이면 용량에 넘친다고 하면서 학생들은 왜 그리 과부하 시키려고 하는지 모르겠다. 가는 전기 줄에 센 전압을 가하면 끊어지고 불바다가 된다는 것을 모른단 말인가? 어른들 욕심도 한도가 있어야 한다.

학생의 용량, 발달 단계를 잘 연구하여 거기에 맞게 '교육부 시간 배당 기준령'을 정하여 학교 정규수업을 하게 되어 있을 텐데 정규수업 시간 자체도 다른 나라에 비하여 많은데 그 이상을 학교 또는 가정에서 더 공부시키고 있으니, 이것은 아이들을 공부시키는 것이 아니라 아예 아이들을 질식시키고 있는 것이다.

학교 정규수업 그 이상으로 공부시키는 것은 모두 불법이다. 방과 후 특별활동도 불법이므로, 방과 후 특별활동까지도 정규수업 시간 내에 해야 한다. 정규수업이라도 세계 수준의 질 높은 수업을 하면 국제경쟁에서 우리는 결코 지지 않는다. 정규수업 시간 수 자체도 다른 나라보다 많고 또 우리 아이들이 다른 나라 아이들보다 결코 미련하지 않기 때문이다.

21세기 지식정보사회는 양이 아니라 질이라는 것을 알아야 한다. 정규수업의 질을 엉망으로 해놓고 야만스럽게 학생들을 학교, 책상 앞에 오래 잡아 놓으려는 정책으로는 우리의 귀여운 아이들과 한국교육을 모두 망칠 수밖에 없다.

아이들은 공부도 시켜야 하지만 놀게 하기도 해야 한다. '소년이로학난성 일촌광음불가경(少年易老學難成, 一寸光陰不可輕)'도 진리이지만 '노세 노세 젊어 노세, 늙어지면 못 노나니' 또한 옳은 말이다. 그동안 그렇게 많이 공부시킨 것 지금 다 어디 갔는가? 많이 배우고 일류 대학을 나온 사람들이 국민과 인류를 위해 공헌도 많이 하겠지만 반대로 나쁜 짓, 부정부패도 더 많이 한다는 것도 알아야 한다.

공부를 많이 시키고, 돈을 많이 없애고도 실패하는 나라는 우리나라밖에 없다. 학교 폭력도 용량 넘치는 교육의 부산물이다. 덜 가르치더라도 똑똑히, 철저히 가르쳐 사람을 만드는 교육을 해야 한다. 많이 가르치려다 사교육비가 많이 든다고 나라가 온통 돈만 따지고 있는데, 돈보다 더 중요한 것은 우리의 귀여운 자녀들이 교육으로 '간접살인' 당하고 있다

는 사실이다. 많이 시키고도 실패하는 교육을 하지 말고 아이들을 놀리고
도 성공하는 교육을 해야 한다.

8. 배움을 사랑하는 사람들을 위하여

※ 출처: 주삼환(2000). 충남대평생학습원 2학기 입학식 특강.

좋아하고 사랑하고 즐거운 배움은 불가능한가?
배움에 배고프고 목마르면 즐거울 수도 있고,
즐거우면 성과도 있을 수 있다.

새천년 새로운 세기를 맞이하여 야단법석을 부리던 올해도 이제 하반
기를 맞고 있습니다. 극성을 부리던 더위도, 엊그제까지 공포에 떨게 했
던 장마도, 태풍도 제풀에 꺾이고 공부하기 좋은 가을에 들어섰습니다.

저는 평생 공부하겠다고 우리 대학교 평생학습원에 등록하신 여러분
을 진심으로 존경합니다. 저도 어렵게 공부했고 또 배우고 공부하기를 좋
아하기 때문입니다.

그래서 저는 오늘 딱딱한 원장 식사를 대신하여 '배움에 대한 사랑'에
대하여 같이 생각해 보는 시간을 갖고자 합니다. Ariss Roaden이란 사람
은 배움에 대하여 이렇게 이야기합니다.

• 배움은 빠를수록 좋습니다.
• 배움에 목말라야 합니다.

- 배움과 지식에는 끝이 없습니다.
- 배움과 마음의 창고는 완전히 채울 수 없습니다.
- 배움은 바로 기쁨입니다.

1) 배움은 빠를수록 좋다

인간의 교육은 빠를수록 좋다는 것입니다. 미국에서는 얼마 전까지 5세에 교육을 시작하는 것이 너무 늦다고 했습니다. 그런데 우리나라에서는 "세살 버릇 여든까지 간다."고 하여 3세 이전의 교육을 강조했습니다. Erikson이란 사람은 생후 3개월에서 세 살까지의 기간을 인간에 대한 신뢰감을 형성하는 '결정적 시기(critical period)'라고 하여 강조했습니다. 아이들은 두 살이 되기 전에 말하고, 걷고, 조심하고, 수의 기초와 읽기의 의미를 알고, 대상물을 구별하고, 다른 사람과 나누고 협조하는 법을 배운다는 기적 같은 사실을 생각해 보십시오.

우리 조상들은 지식정보사회가 도래할 것을 예측하기라도 하였는지 태어나기 전부터 교육을 시작했습니다. 태어나기 전부터 교육을 시작한다는 것은 아이들은 태어나기 전부터 배울 수 있다는 뜻입니다. 그런데 저는 태교를 시작했다는 사실보다 우리의 조상은 어머니 뱃속에 있는 아이도, 임신하는 순간부터 한 인간으로 생각했다는 인간존중, 생명존중 사상을 더 높이 받들고 싶습니다.

어떤 교육학자는 임신한 엄마가 아기가 태어나기 전에 아기교육을 하려고 한다면 이미 늦었다고 충고합니다. 결혼이나 임신 전부터 교육을 계획해야 한다는 뜻일 것입니다. 이런 충고를 얼마나 받아들일지 모르겠으나 최소한 가능한 한 아기를 낳자마자 아기에게 책이나 읽기를 소개하고 도입하는 것이 이롭다는 것입니다. 유대인들은 책에다 꿀을 발라 놓아 아기들이 책을 빨면서 자연스럽게 책을 좋아하고 책과 친해지도록 한다는 것입니다.

예능이나 외국어도 가능한 한 빠를수록 좋다는 것을 여러분이 더 잘 알 것입니다. 그러나 늦었다고 할 때가 빠르다는 사실을 잊지 마십시오. 새로운 것에 도전하는 여러분, 여러분에게는 지금 이 순간도 배움에는 빠른 것입니다. 지금 이 자리에 와서 공부하려고 생각도 해보지 않은 사람에 비하면 여러분은 배움에 아주 빠르다는 사실을 알아야 합니다.

2) 배움에 목말라야 한다

배움에 배부르면 배울 수가 없습니다. 우리 모두는 시한부 인생을 삽니다. 어려서, 젊어서는 배움에 배불러 하다가 살아갈 날이 좁혀 오면서 배움에 목말라 하는 경우가 많습니다. 또 배울 기회가 많이 주어졌던 사람보다 배울 기회를 상실했던 사람들이 더 배움에 배고파하는 경우가 많습니다.

지난 학기에 83세 할머니가 우리 평생학습원 일본어 과정을 성공적으로 마쳤습니다. 우리 지방의 한 교수님은 교수로 정년퇴임하고 박사를 두 개나 가지고 있으면서 70대에 새로운 분야에 또 박사학위에 도전하여 성공하셨다고 합니다. 그분을 본받고자 하는 한 대학교수님이 경영학 박사 학위를 가지고 있으면서 우리 대학 교육대학원 교육행정 전공 석사과정에 들어와 지난 학기 저와 같이 공부했습니다. 이분들에게 공부와 학위는

액세서리가 아닙니다. 어떤 분은 자기 병이 돌이킬 수 없는 암이라는 사실을 알면서도 박사학위 논문을 마무리 짓고 있는 사람도 있습니다. George Reavis 박사는 교수로 정년퇴임하고, 『World Books』라는 잡지의 편집장을 지내고, 낙농 일을 하다 퇴임하고, 70세에 스페인어 공부를 하고, 80세에 오르간 연주를 배우고, 84세에 Phi Delta Kappa의 교육재단 설립에 그가 가진 모든 것을 바쳤고, 89세에 돌아가셨는데 11년 후 100세 탄신 기념회에 그를 따르는 많은 사람들이 모여 들었습니다. 이런 사람들은 "자신이 앉아 쉬지 못할 나무를 심습니다. 그러나 우리가 그들이 심은 나무 그늘에서 즐기며 쉬게 됩니다."

시청각 교육에서 많이 인용되는 Edgar Dale 박사는 65세에 대학교수에서 퇴임하고도 월요일에서 토요일까지 하루도 빼놓지 않고 연구실을 지켰고, 학회나 강의, 발표장에서는 캐묻기를 좋아하고 끝없이 질문하기로 유명했다는 것입니다. 이분은 82세에 돌아가셨는데 죽을 때까지 파킨슨병에 걸렸음에도 불구하고 공부하고 연구하고, 책 쓰기를 하여 돌아가시기 수개월 전까지 4권의 책을 출판했습니다. "사람은 짧은 지팡이로 먼 미래를 다 탐구하지 못합니다. 최고의 우수성을 발휘하기 위해서는 시간이 필요합니다."

저의 대학원 은사님 한 분은 대학교수로 정년퇴임한 후에도 꼭 출근을 합니다. 흰 와이셔츠를 입고 넥타이를 매고 양복을 입고 가방을 들고 사모님과 인사를 나누고 출근을 합니다. 어디로 출근하는지 아십니까? 건넌방 서재로 출근을 하는 것입니다. 도시락을 싸가지고 가시기도 하시고 도시락을 시켜 먹기도 합니다. 그리고 퇴근시간에 맞춰 퇴근하시고 사모님께 잘 다녀왔다는 인사를 합니다. 정년퇴임 후도 계속 책을 내시고 학회에 나가서 발표를 합니다.

초등학교 교사를 하다가 박사가 되고 교수가 되면 손에서 책을 놓을 것 같았던 저에게 생전의 어머님께서 "너는 언제 공부가 끝나느냐?"고 하신 말씀이 아직도 생생합니다. 저의 아이들은 공부하는 아빠의 모습만 보고 자랐습니다. 그래서 제가 빈둥빈둥 놀면 오히려 저를 혼냅니다. "아빠 공부 좀 하세요"라고 말입니다.

육체적 식사도 해야 하지만 우리는 정신적 물도 마시고 식사도 해야 합니다. 정신적 양식, 배움에 목말라 해야 합니다. 정신적 식사에 목이 타야 합니다.

3) 배움과 지식에는 끝이 없다

돈이나 자연자원이나 시간의 공급에는 끝이 있고 한정이 있지만 배움과 지식의 공급에는 끝이 없고 제한이 없습니다. 배움과 지식에는 "이만하면 됐다."는 것이 없습니다. 아무리 퍼 넣어도 끝이 없습니다. 이 세상엔 영원히 마르지 않는 지식의 샘이 있습니다. 퍼 마셔도 마르지 않는 지식의 샘입니다. 물, 물, 물, 물을 달라. 한 방울의 물이라도 더 마셔야 할 지식의 물을 달라. 우리가 다 마셔 말려 버릴 수 없는 지식의 샘이 있습니다. 계속 마시기 위해 도전해야 합니다.

4) 배움과 마음의 창고는 완전히 채울 수 없다

지식의 샘이 바닥이 없듯이 우리에게 지식을 받을 수 있는 마음의 그

릇을 주셨습니다. 언제나 더 채워야 할 여지가 남아 있습니다. 더, 더, 더, 배우고 채워야 할 여지가 남아 있다는 것을 생각해 주십시오. 평생 공부 하셔서 속 찬 남자, 속 찬 여자가 되어 주십시오.

5) 배움은 바로 기쁨이다

알지 못하던 어떤 새로운 것을 알게 되고 배우게 된다는 것은 바로 흥분과 열과, 희열 그 자체입니다. 이 세상 모든 사람들은 특별한 어떤 느낌을 좋아합니다. 특별하다는 것은 곧 아무도 모르는 어떤 것을 알게 되는 황홀경을 경험하는 것입니다. 우리가 배운다는 것이 단지 다른 사람이 발견해 놓은 사실이나 주워 담는 것에 그친다면 더 빨리, 더 좋게 치우는 진공청소기에 불과할 것입니다. 새로운 것을 얻고, 만들어 내야 할 것입니다. 배움의 과정은 치통처럼 나 혼자만의 것입니다. 나 혼자만의 것이 기쁨입니다.

매일 어떤 새로운 것을 배운다는 것은 우리가 사랑하는 축제나 잔치와 같고 하프와 춤, 의상과 패션의 변화, 따뜻한 목욕, 달콤한 사랑, 곤한 잠과 같습니다. 아니 이 모든 것보다 좋습니다. 배움은 병든 정신을 치료하고, 마비된 신경을 고치고, 권태를 흥분과 열광으로 바꿔 줍니다. 배움이란 해돋이나 해넘이를 보는 것보다 더 새로운 기분을 갖게 하고, 토요일 밤 목욕보다 더 산뜻한 기분을 줍니다.

유감스럽게 이 세상 모든 사람이 다 지식의 샘으로부터 지식을 다 마실 수는 없습니다. 여러분, 같이 마시고자 하는 사람만이 지식의 샘물을 퍼 마실 수 있는 것입니다. 생을 낭비하는 사람은 배움으로부터 조기 퇴직하는 사람입니다. 직장에서의 퇴직은 있어도 배움에는 정년도, 퇴직도 없습니다. 지식의 창고는 결코 비워 둬서는 안 됩니다. 배움의 용량에는 경계나 제한이 없습니다. 배움의 포대자루는 무한정 들어갑니다.

평생학습원 입학생 여러분! 우리 평생학습원에서 배움의 포대자루, 배움의 배때기를 마음껏 가득 채워 가십시오. 우리는 평생학습을 흔히 '요람에서 무덤까지'라고 하는데 우리 조상들은 이를 앞뒤로 무한정 늘렸습니다. 임신에서 태교를 했고, 결혼 전, 임신 전부터 아이들 교육을 계획했으며, 무덤에 가신 후에도 비석에 새겨진 대로 '학생(學生)'으로서 영원히 배운다고 생각했던 것입니다. 끝없이 배우려는 여러분께 원장으로서 격려의 박수를 보냅니다.

자, 여러분 이제부터 우리와 함께 신선한 배움의 가을여행을 신나게 떠납시다. 고맙습니다.

9. 사립학교는 사립학교여야 한다

※ 출처: 주삼환(2001. 2. 16.). '사립학교는 사립학교여야 한다'. 대전일보.

우리나라가 가난할 때 국가가 해야 할 교육을 개별 재단에게 믿고 맡겼다면
나라가 부자가 되었어도 사립은 공립과 달라야 한다.
승인 난 정관을 지키고 부정을 하지 않는 한 사립은 사립이어야 한다.
사립은 교육감이나 교육부의 관할이 아니어야 한다.

집권 민주당은 또 시대에 역행하는 교육관계법 개정안을 내놓았다고 한다. 그 주요 내용을 보면, 첫째, 사립학교 교원임면권을 법인이사회에

서 학교장에게로 넘긴다는 것이다. 사립학교는 국가나 공공지방자치단체가 해야 할 교육을 사립법인에게 믿고 맡김으로써 생겨난 것이다. 그래서 법인이사회는 공립의 교육위원회나 교육감을 대신하는 최고의결기관이다. 최고의결기관에 인사권이 없다면 사립의 근본자체를 부정하는 것이다. 사립교장에게 교원임면권을 줘야 한다면 공공성과 투명성이 더 높은 공립교장에게는 왜 그와 같은 교원임면권을 안 주는가? 교원임면은 교장의 추천에 의하여 이사회가 최종 결정하는 것이 원칙이다.

둘째, 사립 비리 관련 임원의 학교 복귀를 제한하여 사실상 금지한다는 것이다. 비리와 불법은 엄격하게 다스려야 하지만 그렇다고 초법적으로 「헌법」이 보장한 국민의 기본권·공민권까지 제한하거나 금지하는 것은 잘못이다. 비리와 불법자는 사법기관의 판단에 의하여 감옥으로 보낼 일이지 초헌법적으로 2년이다 5년이다 하여 공민권을 제한할 수는 없는 일이다.

셋째, 사립에 회계전문가 감사 전임을 의무화한다는 것이다. 이런 자질구레한 것까지 국가가 법으로 규제하려 한다면 근본적으로 사립의 존재를 인정하지 않는 발상이다. 세상에서 회계감사가 없어서 부정이 존재하는가? 회계전문감사만 있으면 모든 것이 깨끗해지리라 믿는가?

넷째, 사립학교의 학교운영위원회를 자문기구에서 심의기구로 바꾼다는 것이다. 사립학교에 이사회 이외에 따로 운영위원회를 둔다는 자체가 부당한 것인데 이를 심의기구로 한다는 것은 더욱 잘못된 것이다. 더구나 우리나라의 학교운영위원회는 공립이든 사립이든 학교운영의 '책임'을 지지 못한다는 데 근본적으로 문제가 있다.

다섯째, 대학의 교수회, 학생회, 직원회를 공식기구화하여 감시기능을 하게 한다는 것이다. 대학은 '감시'를 하거나 받기 위해서 이 세상에 존재하는 것이 아니다. 대학은 교수와 연구·봉사·학문을 하기 위해서 존재하는 기관이다. 교수회와 학생회, 직원회는 감시가 아니라 이러한 교수·연구·봉사·학문을 하기 위해서 존재하며 그런 기능과 역할수행이 주 임무이다. 세계의 명문 사립은 감시 때문이 아니라 자율 때문에 명문이 된 것이다.

지금 세계는 자율화, 다양화, 특성화를 통해서 최고의 질을 추구하는 방향으로 가고 있는데 우리는 규제일변도, 획일화·평준화 일변도, 불신·투쟁 일변도로 가고 있으니 우리의 지도자들과 집권당을 또 한 번 의심하지 않을 수 없다.

지금 선진국은 공립학교까지 사립화 방향으로 가고 있는데 우리는 오히려 사립 말살정책으로 가고 있다. 지식정보사회 앞에서 교육을 이렇게까지 황폐화·붕괴시켜 놓고도 또 얼마나 더 교육을 망쳐 놓겠다는 것인가?

선진국에서는 학교헌장에 의한 차터스쿨, 계약학교, 지불보증에 의한 사립학교 선택권 보장, 대안학교, 영리교육회사 인정 등으로 다양성·독특성 보장, 학부모의 교육선택권 보장으로, 공립학교까지 사립화, 민영화의 방향으로 가고 있다는 것도 알아야 한다.

교육과 학교의 독특성과 다양성을 인정하고 사립학교를 사립학교답게 내버려둬야 한다. 사립학교는 이 정부가 내세우는 '시장원리'에 의하여 자유경쟁에서 살아남고 또 발전할 수 있게 제발 그냥 내버려두기만 해도 지금보다는 더 나을 것이다. 미국에서 사립학교는 교육감과 교육청 관할이 아니다.

정부가 사립에 대해서 할 일은 오직 부정·불법만 엄격하게 다스리는 일이다. 자유민주주의국가에서 사립은 어디까지나 사립이어야 한다.

10. 제자를 두려워하는 교사

※ 출처: 주삼환(2009). 교육이 바로 서야 나라가 산다. 한국학술정보(주).

잔칫집에 어른 손님보다 어린이 손님이 어렵다고 한다.
어른은 좀 소홀해도 이해를 할 수 있지만
아이들은 어른 입장에서 이해할 수 없기 때문이다.
교사는 교장이나 교육감, 교육부장관을 무서워할 게 아니라
자기의 고객 제자를 두려워해야 한다.
제자는 영원한 어린애가 아니라는 걸 알아야 한다.

교직은 가치 있고 중요한 일을 하면서도 그에 상응하는 대우를 받지 못하고 있는 직업인지도 모른다. 그러나 우리가 생각을 어떻게 하느냐에 따라서 '보람'을 찾을 수 있는 직업이라고 본다. 배우고자 하는 학생을 가르쳐서 기쁨을 주고 또 그들이 자라고 성장하는 모습을 곁에서 바라보면서 즐거움을 느낄 수 있다. 이들이 자라서 국가와 사회에 기여하는 것을 보면서 가치 있는 일을 하고 있다는 보람을 느낄 수 있다. 세상에 수많은 직업이 있지만 이런 보람을 느끼면서 사는 사람들이 얼마나 되겠는가?

여기서는 성직이니, 천직이니, 사명감이니 하는 이야기를 반복하고 싶지 않다. 그저 산책하는 기분으로 이 이야기 저 이야기하면서 교사라는

직업에 대하여 함께 생각해 보기로 한다.

유대인들은 국가는 멸망해도 교육은 계속되어야 한다는 믿음을 갖고 민족 대대로 노력한 결과 2,000년 동안 지구의 곳곳에서 갖은 고난과 학대를 받으면서 떠돌아다니다가도 다시 모여 이스라엘이라는 나라를 세웠다. 이것은 바로 교육의 힘에서 나온 것이다.

우리나라가 일제강점기, 한국전쟁의 잿더미로부터 이만큼 일어설 수 있었던 것도 바로 교육의 힘이라고 평가하고 있다. 우리의 선배 교사들이 어려운 역경 속에서도 희생적으로 열심히 가르쳤고, 국민도 교육에 열을 올렸고 학생들도 이에 잘 따라주었기 때문이다(교사의 교육애, 학부모의 교육열, 학생의 향학열). 그동안에 교육받은 인구가 많이 있었기 때문에 이 정도의 국가 수준으로 올려놓을 수 있었던 것이다.

이렇게 해서 올려 세워 놓은 경제 성장과 국가 발전이 교육에 재투자하지 않고는 한 단계 더 높은 수준으로 끌어올리기 어렵게 되어 있다. 교사를 대우해 주지 않고는 국가의 장래를 보장하기 어렵다.

교원인 우리가 하고 있는 일에 대한 올바른 평가와 대우를 끌어내기 위해서는 우리가 단결하고 더욱 우리가 하고 있는 일에 대해 열심히 노력하여 전문성을 확보하는 길밖에 다른 방법이 없다고 본다. 우리의 할 일을 열심히 하면서 우리의 요구는 요구대로 지속적으로 해야 한다고 본다. 몇 가지 우리의 할 일을 생각해 본다.

무슨 일을 하든지 올바른 철학적 방향감이 있어야 한다. 철학은 행동의 방향을 제시해주고 행동의 중심을 잡아 주기 때문에 중요하다(바이런의 시 이야기). 또 인간을 어떻게 보느냐하는 인간관과 학생관이 바르게 정립되어 있어야 한다. 학생들에게 인간의 존엄성을 가르치기 위해서는 교사가 먼저 학생들을 존엄한 존재로 대할 수 있어야 한다(생명을 중시하는 교육).

올바른 교사가 되기 위해서는 기본적으로 첫째, 인간을 사랑할 줄 알아야 한다. 인간을 가르치는 사람이 인간을 사랑하지 않고 사람을 싫어해서는 근본적으로 교사가 되기 어렵다. 학생을 인격체로 존중하는 동시에 개성·인성을 존중해야 한다. 그래야 창의성 교육도 가능해진다.

둘째, 교원은 가르치는 일을 사랑해야 할 것이다. 가르치는 일이 재미없어 가지고는 훌륭한 교사가 되기 어려울 뿐만 아니라 인생 자체를 재미없게 살게 된다. 가르치는 방법도 점점 고도화되고 있다. 이 고도화 대열에서 뒤처져서는 안 된다. 가르치고자 하는 강한 욕구를 가져야 한다.

셋째, 교직을 사랑하고 진리를 추구하는 데 재미를 느껴야 한다. 특히 가르치는 교과목을 좋아해야 할 것이다. 끝없는 지적 호기심과 탐구정신이 있어야 한다. 연구하는 교사, 준비하는 교사가 되어야 교직이 재미도 있고 학생에게도 도움이 된다.

이제는 입으로만 교육하는 것이 아니라 온몸으로 하는 교육을 해야 할 때이다. '삶과 앎'이 일치하는 교육을 해야 한다. 민주주의도 입으로 하는 민주주의가 아니라 행동으로, 실천으로 민주주의를 해야 할 때이다. 학생 보고 공부해라 하기 전에 내가 먼저 공부하는 모습을 보여주어야 한다. 입으로만 할 때에는 겉도는 교육이 되고 만다. 아버지가 버린 담배꽁초를 자식이 줍고 다니는 식의 교육이 더 이상 반복되어서는 안 되겠다.

교직이 전문직이어야 한다는 데에는 이의가 있을 수 없다. 그러나 교직이 현재 의사, 변호사, 성직자, 교수와 같은 완전한 전문직이냐에는 논란의 여지가 있다. 우리가 완전한 전문직으로 인정받을 때 누구도 도전하거나 침범할 수 없는 권위와 자율을 누릴 수 있을 것이다. 이를 위해서는 그들 이상으로 피나는 노력을 해야 한다.

자기가 하고 있는 일에 대하여는 세계 제일인자가 된다는 신념으로 노력해야 한다(세계 제일 가는 교사). 그리고 내가 맡은 실무 면에서는 누구와도 비교할 수 없는 존재가 되어야 한다. 이론을 학자에게 맡긴다면 가르치는 실제는 교사에게 맡긴다는 분위기가 형성되어야 한다.

세상에 사람이 많은 것같이 보이지만 실제 꼭 필요한 사람을 찾으면 별로 없다고 한다. 우리가 하고 있는 일에 10년만 집중 투자하면 웬만한 부분은 통달할 수 있다(해인사 노스님, 10년 후의 얼굴). 먼눈으로 보고 부단한 노력을 하면 반드시 그 열매가 열릴 것으로 믿는다(무쇠를 갈아 만들겠다는 신념, 1만 시간의 투자).

우리는 능력을 발휘하고 그 능력을 인정받을 때 행복하다. 보통 인간은 자기가 가지고 있는 능력의 겨우 15~20퍼센트밖에 발휘하지 못하고 흙으로 변한다고 한다. 나머지 능력을 언제 발휘하려고 묻어두고 젊은 날을 불평불만 속에서 하루하루를 보내려 하는가? 우리는 '포도주 반병'에도 행복할 수 있다. 우리가 행복해야 학생들도 행복해질 수 있다. 멋있는 수업을 한 시간 하기가 어렵다(good-bye lecture).

이를 위해서 미국에서는 동료교사들끼리 서로 코치하는 일이 번져나가고 있다(동료코치). 전문가들은 동료들까지 전문성 확립을 위해서 협동협력한다. 또 교사들이 갖춰야 할 능력을 정해 놓고(예: 2,700개 항목), 이들 하나하나를 체크하고 확인하여 교사자격증을 주고 있다(능력중심 교사교육, CBTE). 또 한편에서는 마이크로티칭이라고 하여 소규모 수업을 녹화하여 계속 반복하여 되돌려 보면서 교수기술 개선에 노력하고 있다. 의사 양성과 연수 실습 모형을 따르고 있다. 가르치는 데 싫증을 느끼지 않고 평생을 바쳐 배우는 것에 권태를 느끼지 않아야 남으로부터 존경받는 교사가 된다. 우리는 존경이라는 이슬을 먹고 산다.

전문직은 자율과 책임이 동시에 요구된다. 완전 전문직이 되기 위해 최선의 노력을 해야 한다. 창의적인 교사가 창의적인 학생을 길러낸다. 수업에 승부를 걸고 훌륭한 교육과정 운영자가 되기 위해서는 교사가 연구자가 되어야 한다. 우리는 변화와 개혁의 시대에 살고 있다. 이 변화의 흐름을 잘 타는 사람은 살아남을 수 있고 그렇지 못한 사람은 생존에 위협을 느끼게 된다. 국가가 망하는 일도 기업이 망하는 일도 금방이다. 이제 학교가 망하는 일도 생긴다. 학부모의 학교 선택권이 보장되면 분명 망하는 학교가 생긴다. 망하는 학교의 교사는 비참하게 된다. 학생이 없어서 망하는 학교의 교사를 데려다 쓸 사람은 없다.

지금까지는 잘하는 사람이나 못하는 사람이나 같이 묻어갔으나 이제는 능력 본위, 자유 경쟁의 시대로 넘어가게 된다. 능력 있는 잘하는 사람은 그만한 대가와 보상을 받고 그렇지 못한 사람은 직장을 떠나야 한다. 가르치는 일도 컴퓨터가 차지할 수도 있다.

우리들 자신이 생존을 위한 발버둥을 치지 않을 수 없다. 우리 자신이 살아남기 위한 생존 교육을 해야 한다. 또 우리가 가르친 제자들, 학생들이 냉혹한 국제경쟁의 무대에 나가서 이겨야 하고 살아남아야 한다. 살아남고 이기는 제자를 길러 내는 생존교육을 하지 않을 수 없다.

우리 민족이 19세기에서 20세기로 넘어가는 전환기에서 일본에게 뒤처지기 시작했다. 뒤처진 것을 다행히 1960~1980년대에 단축하여 이 정도의 국가수준을 이루고 있는데, 이제 우리는 20세기에서 21세기로 넘어

가는 전환기에 비장한 각오를 하지 않으면 안 된다. 21세기는 지난 세기와 판이하게 다를 것으로 예측되고 있다. 새로운 세기에 선진대열에 낄 수 있도록 준비교육을 하지 않으면 안 된다. 세계적인 제자를 길러내기 위해 세계적인 교사가 되어야 한다.

우리는 학생들에게 올바른 자아개념을 심어 주어야 하는데 이를 위해서는 우리가 먼저 자기 자신에 대한 올바른 자아개념과 교직에 대한 긍지를 가져야겠다. 나를 올바로 보고, 할 수 있다는 긍정적 자아개념과 우리가 하는 일에 대한 자부심을 갖고 학생들 앞에 떳떳하게 설 때 학생들을 제대로 가르칠 수 있다. 헨리 칼슨과 쥐 이야기, 비둘기와 소년 이야기, 오크학교 이야기, 버나드 쇼의 꽃 피는 소녀 이야기, 토정비결, 사주팔자 이야기는 모두 자성예언과 성취동기와 관련된 좋은 이야기들이다.

남이 나를 어떻게 보느냐도 중요하지만, 내가 나를 어떻게 보느냐는 더 중요하다. 천하를 얻고도 '나'를 잃으면 모든 것이 허사다. 가장 가까운 나를 찾고 나를 사랑하고, 나를 먼저 귀중하게 여겨야 한다. 그러면 그 때부터 학생들을 보는 눈이 달라지고, 대하는 태도가 달라질 것이다.

우리 교원은 가진 것이 없다. 가진 것이 있다면 나보다 훌륭한 제자를 길러 내는 일이다. 나보다 훌륭한 제자를 길러 낸 스승은 교사로서 또 인간으로 성공적인 삶을 산 사람이다. 소크라테스-플라톤-아리스토텔레스의 만남은 멋있는 만남이다. 발전하는 자는 떠난다. 스승의 젖을, 스승이 파놓은 우물물을 흠뻑 마시고는 어디론가 떠나서 스승과 쌍벽을 이루는 또 하나의 대가가 되는 것이다. 경허와 만공의 만남도 멋있는 만남이다. 스승을 위해서 기꺼이 죽겠다고 하고 또 제자를 잡아먹을 수 있는 사제관계라고 한다.

제자 없는 스승은 실패자다. 제자를 얻으려거든 제자를 두려워할 줄 알아야 한다. 그러한 스승의 인품이라는 향내를 맡고 벌과 나비라는 제자들이 몰려드는 것이다. 그러한 스승에게 제자들이 매달린다. 신은 나에게 무슨 힘을 주셨기에 제자들을 나의 팔에 매달리게 하는가?

교직은 국가를 지키는 최후의 보루다. 교사를 믿지 못하면 국민은 더 이상 희망을 가질 수 없다. 우리는 이 최후의 요새를 굳건히 지킨다는 믿음을 가져야겠다.

우리도 언젠가는 늙음이 찾아와 황혼을 맞게 될 것이다. 그때를 우리는 어떻게 맞이할 것인가? 하늘을 우러러 한 점 부끄러움 없이 스승의 길을 걸었다고 자부할 수 있어야 할 것이다. 관 뚜껑을 덮었을 때 올바른 평가를 받을 수 있게 될 것이다. 이것이 행복한 '교직자의 생애'가 될 것으로 믿는다.

11. 불가능의 성취

※ 출처: 주삼환(2009). 불가능의 성취. 학지사.

불가능은 없다고 하는데 정말 불가능한 것이 없는가?
너무 몰아붙이는 것 아닌가? 포기할 때는 포기할 줄도 알아야 한다.
포기하는 용기도 있어야 한다.
불가능은 없다고 부정적으로 끝나는 것보다
불가능을 성취한다고 긍정문으로 끝내는 게 더 좋지 않은가?

이 제목은 내가 이 세상에서 글을 써서 처음으로 활자화되어 출판된

내 최초의 글 제목이다. 1962년 서울교육대학에 입학하여 가르칠 '교(敎)' 자를 배우기 시작하여 1년을 보낸 서울교대 2학년 때 1963년 당시 대한교육연합회(현 한국교총)가 발행하던 교원들이 많이 보던 월간지 『새교육』 4월호(15권 4호, 통권 102호)에 실린 나의 짧은 글 제목이다.

당시 글을 썼던 의도는 내가 조직하여 회장을 맡고 있던 '서울교대아동연구회'를 교육잡지에 소개하려는 데 있었다. '불가능의 성취'라는 말에는 모순이 내포되어 있다. 불가능한 것을 어떻게 성취한다는 말인가? 가능했기 때문에 성취되는 것이지. 다만 불가능해 보였던 것이 성취될 수 있을 뿐이다. 기본 아이디어는 "IQ 100을 가진 학생 두 사람이 모이면 IQ 125를 가진 학생 한 사람이 풀 수 있는 수학 문제를 풀 수 있다."는 데에서 나왔다. 즉, IQ 100을 가진 한 사람에게 불가능 했던 것이 두 사람이 모여 협동·협력하면 가능해질 수 있다는 가설이다. 세상에 불가능한 것은 드물다. 다만 불가능해 보일 뿐이다. 충분한 지렛대만 주어진다면 지구도 옮길 수 있다고 하지 않는가? 그리고 충분한 시간만 주어진다면 어린 학생도 학자처럼 어려운 문제도 풀 수 있고 지식도 생산해 낼 수 있다고 하지 않는가? 그래서 나폴레옹도 자기 사전엔 불가능이란 말은 없다고 하지 않았는가? 세상에 어떻게 불가능이 없을 수 있겠는가? 설사 불가능한 것이 있더라도 '불가능이란 없다'고 믿는 사람에게 성취의 기회가 많아진다는 것이다. 불가능하다고 쉽게 포기하는 사람보다는 가능하다고 믿고 달려드는 사람에게 하느님은 기회를 많이 주는 것이다.

내 글이 실린 똑같은 호수에 마침 당시 나의 지도교수셨던 서울교대 미술과 교수님의 글도 실려 있었다. 지도교수님은 내 글의 제목을 유심히 보고 오랫동안 기억하고 계셨던 것 같다. 사실은 나도 이 제목으로 글을 썼다는 사실 자체를 잊고 살아왔었다. 1981년 미국 미네소타대학교에서 교육행정학으로 박사학위를 받고 충남대학교 교육학과 교수로 재직하던 중 1990년 나의 모교 서울교대를 방문했다가 이 교수님 연구실을 찾았더니 교수님은 옛 제자인 나를 반갑게 맞으며 아무 말 없이 먹을 갈고 '不可能의 成就'라고 써 주셨다. 아니 이때까지 은사님께서 이 제목을 기억하고 나의 성공과 성취를 기다리고 계셨단 말인가? 이 이야기를 듣고 나의 아내는 이내 동네 표구점에 가서 표구를 만들어 나의 서재에 걸어 놓아 지금까지 보관하고 있다(지금은 모교 서울교대 박물관에 기증했다). 그리고는 2009년 5월 9일 나를 위한 제자들의 스승의 날 행사에서 처음으로 이 이야기를 공개하며 은사님의 '不可能의 成就'라는 붓글씨를 복사하여 나누어 주었다. 그러고 보니 내가 초등교사에서 해외 유학으로 박사학위를 받고 교수가 되어 수많은 강의를 하고 50여 권의 책을 쓴 것도 작은 불가능을 성취한 것이고 또 은사님의 끝없는 기다림의 덕이 아닌가 생각된다. 그런데 '불가능의 성취'를 써 주신 은사님은 나에게 알리지도 않고 저 세상으로 가셨다.

미국의 명문 카네기멜론대학교 컴퓨터학과 47세 Randy Pausch 교수는 췌장암에 걸려 죽음을 앞둔 10개월 전에 마지막 강의(www.thelastlecture.com)를 하면서 자신의 어린 시절의 꿈과 꿈의 실현을 위하여 노력한 점에 대하여 말하면서 마지막까지 "절대 포기하지 말라."고 하고 10개월 후에 이 세상을 떠났다. 이 말이 그의 세 아이들에게 남기고 싶었던 마지막 말이었던 것이다. 우리는 꿈이 있을 때 살 의미를 갖는 것이다. 〈I Have a Dream〉도, 〈거위의 꿈〉도 아주 좋은 가사이고 노래다.

I Have a Dream

나에게는 꿈이 있고 부를 노래가 있어요
꿈과 노래는 어려움을 극복하는 데 도움이 돼요
동화 속의 경이로운 장면을 이해한다면
비록 실패를 한다고 해도 당신은 미래를 꿈꿀 수 있어야 해요

〈중략〉

냇물을 건널 거예요 나에게는 꿈이 있거든요

〈후략〉

※ 출처: ABBA, I have a dream.

거위의 꿈

난, 난 꿈이 있었죠. 버려지고 찢겨 남루하여도
내 가슴 깊숙이 보물과 같이 간직했던 꿈
혹 때론 누군가가 뜻 모를 비웃음 내 등 뒤에 흘릴 때도
난 참아야 했죠. 참을 수 있었죠. 그 날을 위해

〈중략〉

그래요 난, 난 꿈이 있어요. 그 꿈을 믿어요. 나를 지켜봐요.
저 차갑게 서 있는 운명이란 벽 앞에 당당히 마주칠 수 있어요.

〈후략〉

※ 출처: 카니발, 거위의 꿈.

〈Black〉이라는 영화에서 사하이 선생님이 장님 귀머거리 벙어리 장애의 미셸에게 가르치지 않은 오직 말 한 마디는 '불가능(impossible)'이었다. 불가능이란 없다고 믿고 평생을 바쳐 미셸을 가르쳐 남들이 20년 만에 대학을 졸업할 때 40년 만에 대학을 졸업하게 하였다. 미셸이 막상 대학을 졸업하게 될 때 본인 사하이 선생님은 '불가능의 성취' 미셸의 가운 입은 졸업식을 보지 못하고 알츠하이머병에 걸려 병원에서 쇠고랑을 차고 있었다. 이제는 제자인 미셸이 불가능은 없다는 말을 믿고 사하이 선생님이 자기에게 가르쳤던 대로 손가락으로 물 'Water'라는 단어를 가르치는 것이다. 사하이 선생님이 '워터'라는 말을 처음으로 발음할 때 그들의 또 하나의 '불가능은 성취' 되었던 것이다. 불가능은 없다고 믿고 노력할 때 꿈은 이루어진다. 러시아 소치 장애인올림픽 폐회식에서 두 발이 없는 장애인이 두 팔만의 힘으로 밧줄을 붙잡고 타고 올라가 천정에 매달린 'ImPossible' 글자에 " ' "을 붙여 "I'm Possible"로 바꾸고 내려오는 장면은 아주 인상적이었다.

참고문헌

김남희(2016. 1. 30.). 누가 케냐 국민 전체를 핵심 고객으로 삼을 생각을 했을까.
　　조선일보 Weekly Biz., C4.

김성길(2009). 배움의 의미. 서울: 학지사.

법정·서경수 외(1984). 늘 깨어 있는 사람. 흥사단출판부.

임선하(2012). 미래형 학교의 구상, 논의의 출발. **교육행정학연구, 30**(4), 459-
　　476. 한국교육행정학회.

정찬주(2013). 공부하다 죽어라. 서울: 열림원.

조선일보(2016. 2. 20.). 한대수 씨가 다시 뉴욕으로 이사하는 이유. A31.

조선일보(2005). 3월 9일자.

주삼환(2009). **불가능의 성취.** 서울: 학지사.

주삼환(2009). **교육이 바로서야 나라가 산다.** 한국학술정보.

주삼환(2005). **우리의 교육, 몸으로 가르치자.** 한국학술정보.

주삼환(1997). **변화하는 시대의 장학.** 서울: 원미사.

주삼환(1996. 11. 6.). 21세기를 위한 교육개혁과 학교경영의 발전. 충남대학교

교육발전연구소' 96 교육학세미나. 주제발표 원고.

주삼환(1991). 새로운 세기의 교장과 장학. 성원사.

한국교육개발원 역(2012). 21세기 핵심역량. 서울: 학지사.

한준상(2009). 生의 痂: 배움. 서울: 학지사.

Anderson, L., & Krathwohl (Eds.) (2001). *A Taxonomy for Learning, Teaching, and Assessing: A Revision of Bloom's Taxonomy of Educational Objectives.* New York: Longman.

Banathy, B. H.(1991). *Syetems Design of Education.* Englewood Cliffs, NJ: Educational Technology Publications.

Beare, H., & Slaugher, R. (1993). *Education for the Twenty-Frist Century.* London: Routledge.

Bloom, B., Englehart, M., Furst, E., Hill, W., & Krathwohl, D. (1956). *Taxonomy of educational objectives: The classification of educational goals. Handbook I: Cognitive domain.* New York, Toronto: Longmans, Green.

Evers, J., & Kneyber, R. (Ed.) (2016). *Flip the System: Changing Education from the Ground Up.* NY: Routledge.

Glasser, W. (1993). *The Quality School Teacher.* NY: Harper Perennial.

Glasser, W. (1992). *The Quality School.* NY: Harper Perennial.

Glatthorn, A. A.(1994). *Developing A Quality Curriculum.* Alexandria, VA: ASCD.

Jackson, P. W. (1992). *Untaught Lessons.* New York: Teachers College Press.

Lieberman, M. (1995). *Public Education: An Autopsy.* Cambrige, Massachusetts: Harvard University Press.

Maehr, M. L., & Midgley, C. (1996). *Transforming School Cultures.* Boulder, CO: Western Press.

OECD (2012). Suicide rates.

Phi Delta Kappa (1996). *Do We Still Need Public School?* Bloomington, IN:

P.D.K.

Robinson, K., & Aronica, L. (2015). *Creative Schools*. New York: Viking.

Sahlberg, P. (2015). *Finnish Lessons 2.0: What can the world learn from educational change in Finland?* (2nd ed.). NY: Teachers College Press.

Schlechty, P. C. (1991). *School for the Twenty-First Century*. San Francisco: Jossy-Bass Publishers.

The US Department of Labor (1991). *What Work Requires of Schools: A SCANS Report for America 2000*. The Secretary's Commission on Achieving Necessary Skills, a publication of the US Department of Labor, June 1991.

William, D. (2015). *Leadership for Teacher Learning: Creating a Culture Where All Teachers Improve so That All Students Succeed*. Learning Science International.

Assesment & Teaching of 21st Century Skills. http://www.atc21s.org/about.html

OECD Definition and Selection of Competencies. www.oecd.org/edu/statistics/deseco

OECD Skills Surveys. http://www.oecd.org/site/piaac

Partnership for 21st Century Learning. www.p21.org

Scholastic Expert 21. http://teacher.scholastic.com/products/expert21/index.htm

The Definition and Selection of Key Competencies: Executive Summary. http://www.oecd.org/pisa/35070367.pdf

United Nations Educational, Scientific and Cultural Organization. http://www.unesco.org

저자 소개

주삼환

약력
서울교육대학교 학사
서울대학교교육대학원 교육행정전공 석사
미국미네소타대학교대학원 교육정전공 박사
서울시내 초등교사 약 18년
충남대학교 교수 약 25년
한국교육행정학회장
미국 오하이오주립대학 객원교수
한국대학교육협의회 파견교수
인문사회연구회 이사 역임
현 충남대학교 명예교수

저 · 역서
학교경영과 교내장학(1996, 학지사)
지식정보화 사회의 교육과 행정(2000, 학지사)
미국의 교장(2005, 학지사)
장학의 이론과 기법(2006, 학지사)
학교경영의 이론과 실제(공저, 2006, 학지사)
한국 교원행정(2006, 태영출판사)
교육행정사례연구(공저, 2007, 학지사)
교육행정철학(공저, 2007, 학지사)
한국대학행정(2007, 시그마프레스)
도덕적 리더십(2008, 시그마프레스)
리더십패러독스(공역, 2009, 시그마프레스)
불가능의 성취(2009, 학지사)
블루리본스쿨(공저, 2009, 학지사)
교육행정윤리(공역, 2010, 시그마프레스)
학업성취 향상 수업전략(공역, 2010, 시그마프레스)
교육윤리리더십: 선택의 딜레마(공역, 2011, 학지사)
교원의 전문적 능력개발(공역, 2011, 시그마프레스)
교육리더십: 연구와 실제(역, 2013, 학지사)
교육행정 및 교육경영(공저, 2015, 학지사)
수업장학: 수업예술과 수업과학 지원(공역, 2015, 학지사)
대한민국 한 교사의 삶과 생각(근간, 학지사)

21세기 한국교육: 진단과 처방

2016년 5월 30일 1판 1쇄 인쇄
2016년 6월 10일 1판 1쇄 발행

지은이 • 주삼환
펴낸이 • 김진환
펴낸곳 • (주) **학지사**
　　　　04031 서울특별시 마포구 양화로 15길 20 마인드월드빌딩
대표전화 • 02-330-5114　팩스 • 02-324-2345
등록번호 • 제313-2006-000265호

홈페이지 • http://www.hakjisa.co.kr
페이스북 • https://www.facebook.com/hakjisa

ISBN 978-89-997-0959-3　93370

정가 13,000원

이 도서의 국립중앙도서관 출판시도서목록(CIP)은 서지정보유통지원
시스템 홈페이지(http://seoji.nl.go.kr)와 국가자료공동목록시스템
(http://www.nl.go.kr/kolisnet)에서 이용하실 수 있습니다.
(CIP 제어번호: CIP2016011823)

•·············· **교육문화출판미디어그룹 학지사** ··············•

심리검사연구소 **인싸이트** www.inpsyt.co.kr
원격교육연수원 **카운피아** www.counpia.com
학술논문서비스 **뉴논문** www.newnonmun.com